U0502964

元宇宙

引爆未来教育新变革

清博研究院　编著

中国科学技术出版社

·北　京·

图书在版编目（CIP）数据

元宇宙：引爆未来教育新变革 / 清博研究院编著
. — 北京：中国科学技术出版社，2024.1
ISBN 978-7-5236-0310-9

Ⅰ . ①元… Ⅱ . ①清… Ⅲ . ①网络教育 Ⅳ .
① G434

中国国家版本馆 CIP 数据核字（2023）第 220865 号

策划编辑	李清云	**责任编辑**	褚福祎
封面设计	仙境设计	**版式设计**	蚂蚁设计
责任校对	吕传新	**责任印制**	李晓霖

出　　版	中国科学技术出版社
发　　行	中国科学技术出版社有限公司发行部
地　　址	北京市海淀区中关村南大街 16 号
邮　　编	100081
发行电话	010-62173865
传　　真	010-62173081
网　　址	http://www.cspbooks.com.cn

开　　本	880mm×1230mm　1/32
字　　数	148 千字
印　　张	9.125
版　　次	2024 年 1 月第 1 版
印　　次	2024 年 1 月第 1 次印刷
印　　刷	北京盛通印刷股份有限公司
书　　号	ISBN 978-7-5236-0310-9/G·1025
定　　价	79.00 元

本书编委会

组　　长：何　静
副 组 长：蒋启迪　张煜佳
编委人员：关亚慧　边　洁

前　言

百年大计，教育为先。自古以来，教育在我国占有重要地位。虽然教育的形式一直在变化，但其"传道授业解惑"的内核却历久弥坚。进入现代化社会以后，随着智能技术的发展，智慧教学、智慧课堂逐渐成为常态。面对新一轮的科技革命，教育的发展又面临着新的发展和机遇。伴随着数字技术的快速更新迭代，国家发展的数字化转向如火如荼地进行着。

党和国家高度重视信息化建设和数字经济、数字中国建设发展，多次强调数字化、网络化、智能化在中国特色社会主义现代化建设中的重要意义。教育系统要把教育信息化作为发展的战略制高点，以教育信息化推动教育高质量发展，以教育信息化引领教育现代化。2022 年以来，在教育部部长怀进鹏的多次讲话以及教育部年度工作重点中，均提出实施国家教育数字化战略行动。

近年来，国家的相关政策中也提到要加快数字化教育的发展。《中华人民共和国国民经济和社会发展第十四个五年规划和2035 年远景目标纲要》中提出，加快数字化发展，建设数字中国，构筑全民畅享的数字生活。加强全民数字技能教育和培训，普及提升公民数字素养。2022 年，国务院印发《"十四五"数字经济发展规划》，提出实施社会服务数字化提升工程，深入推进智慧教育。

2021 年被称为"元宇宙元年"，教育元宇宙也得到广泛的关注和研讨。政策的出台为教育元宇宙提供了顶层支持，但目前教育元宇宙还面临技术难题及发展规范问题。

目前教育元宇宙的构建还处于设想和初步构建阶段，可能每个人对教育元宇宙的理解都不尽相同。由于学科和教育内涵的丰富性，教育元宇宙实际上具有很多的可行性。

本书不仅梳理了教育的发展历程，讨论元宇宙推动教育发展的新契机，还盘点了教育元宇宙的发展现状，探讨构建教育元宇宙的关键技术支撑和创新突破性，以期为教育元宇宙的发展提供建设性意见，打造既有中国特色，又有全球视野的教育元宇宙。

概　　要

方寸之间，以全息见世界；瞬息之时，以万物通古今。

2021 年，元宇宙概念火爆全球。元宇宙作为一种近未来的全息体验，为教育行业转向和发展提供了空间。

教育元宇宙是什么？教育元宇宙基于怎样的技术环境运行？在元宇宙中的教育方式又有哪些？本书分别从教育的转型契机、发展现状、技术支撑、创新突破、场景应用、行业建构和未来展望的角度展开分析，并针对其中可能存在的风险提供建议，以期借助元宇宙构建虚实融生的教育生态。

本书主要分为七章，涵括了教育元宇宙的发展转向、发展现状和行业建构多维度展望等方面。此外，本书还重点论述了教育元宇宙的技术支撑、创新性突破和场景入口等话题。

第一章主要论述了时空拓展背景下，教育元宇宙学习方式的新转向，其中分为 3 个小节。第一节为元宇宙推动教育发展的契机，主要从"社会＋教育"，场域重塑需要开启叙事新可能；"技术＋教育"，技术发展为智能学习环境构建基石；"政策＋教育"，教育理念变革下的多维设想等方面进行论述。第二节梳理了教育的发展历程。第三节阐述了从传统教育到元宇宙教育的延展问题。

第二章主要分析教育元宇宙的发展现状，共 2 个小节。第一节从虚拟现实场域、人工智能模拟和去中心化结构等方面论述了教育元宇宙的发展现状。第二节分析了"元宇宙＋教育"格局，具体阐述了当前国内教育行业的环境、国内教育行业的供求关系、现有的元宇宙教育行业发展、教育行业链条与发展分析。

第三章论述了构建教育元宇宙的关键技术支撑，共 3 节。第一节介绍了教育元宇宙的基础设施，主要从 5G、XR（扩展现实）、AI（人工智能）及机器人技术切入，分析教育场景背后的底层技术支撑以及低延迟高沉浸实时学习的可能性。第二节论述了教育元宇宙的软件系统，主要有人机交互式软件系统，物联网万物互联技术与元宇宙的结合。第三节阐述了教学元宇宙管理系统，主要有区块链加密溯源技术、脑机接口技术。

第四章阐述了教育元宇宙的创新突破性，共 2 节。第一节论述了元宇宙教育业的新渐变，主要从新角色、新形式、新关系、新理念和新内容几个方面论述。第二节论述了元宇宙教育业的突破性，主要从时代变化、教育形式转变和对象转变以及评价体系转变等几个方面展开论述。

第五章主要介绍教育元宇宙的场景应用入口，共 2 节。第一节从教育元宇宙产业孪生阶段进行论述，第二节从教育元宇宙生态阶段进行论述。

第六章分析了教育元宇宙的行业建构问题，共 4 节。主要是政府统领，统筹行业发展；行业整合，保障教育质量；校企合作，协同产学融合；高校引导，领衔智库发展；中外联合，整合学科资源。

第七章对教育元宇宙的未来进行多维展望，共 5 节。第一节讨论如何构建全息生态的多维教育社会，主要从强化顶层设计和评估机制、制定行业标准、均衡推进等方面进行论述。第二节探讨数字教育背景下如何应对教育经济风险，主要从虚实结合、建构信用体系等方面论述。第三节讨论如何构建成熟行业体系，主要从推进行业规划、推行教育公平、遏制过度垄断等层面进行论述。第四节讨论如何加强教育与技术融合，打造沉浸式体验。第五节探讨了如何保障主动学习效果及建设个性课堂问题。主要有优化学习体验，降低感知障碍风险；设立相关机制，避免注意障碍风险；提供沉浸式学习，训练个人能力等。

目　录

第一章

教育元宇宙，时空拓展下学习方式的
新转向

请想象一个场景：

当你进入一个虚拟世界，这个世界中能给你带来和现实中一样的体验。在这里你可以自由进出教室，和来自不同国家、衣着不同的人在同一个教学场景中。你的感官体验不亚于现实世界。在这里，你足不出户便可接触到教室中的一切……

你坐在教室里，穿着精心挑选的服装，看着讲台上的老师。老师的声音传来，你和老师的互动就如同你们身在同一个地方。这时，教室变成了宇宙，漫天的行星环绕在你周边。老师告诉你它们的名字，你出于好奇，点开了一颗星球……

瞬间，你感觉自己穿梭在宇宙的长河中，看到了千百年间时间的流转，它们在星球上留下痕迹……

第一节 契机初现：元宇宙推动教育新发展

2021年上半年，元宇宙（Metaverse）概念大热，在各类舆论场域中的关注度不断升高。根据清华大学发布的有关元宇宙发展研究报告可知，元宇宙是整合多种新技术而产生的新型虚实相融的互联网应用和社会形态，它基于扩展现实技术提供沉浸式体验，基于数字孪生技术生成现实世界的镜像，基于区块链技术搭建经济体系，将虚拟世界与现实世界在经济系统、社交系统、身份系统上密切融合，并且允许每个用户进行内容生产和编辑。

元宇宙的三大特性：时空拓展性、人机融合性、经济增值性，为教育的转型提供了全息化的生态土壤。元宇宙教育因其对用户感官的拓展、对时空界限的打破以及对行业链条的延伸，成了继传统教育、网络教育的下一个教育发展方向。

作为一种虚实共生的社会形态，元宇宙为社交形式、生产方式和经济模式等提供了新发展机遇。其不仅为经济带来了新的增长点，也为社会网络生态建立提供了机会。从教育业迈向元宇宙，是多元契机共动的结果。元宇宙将变革人们的交往形式，其通过 AR（增强现实技术）、VR（虚拟现实技术）、XR 和数字孪生等技术实现三维互联网，并将虚拟世界和现实世界在多维度上结合和编辑。

社会的快速发展使用户的学习需求逐渐增加，对学习内容的深度和广度都有了更高的要求。传统的教育模式已经难以跟上社会发展的进度，因此急需升级教育行业知识传递方式和呈现方式，使教育与社会同频发展，形成高效、成熟的社会教育运行体系。

从政策层面看，自大数据互联网等技术得到迅速发展后，各地支持元宇宙发展的相关政策陆续落地，以提高教学质量、优化教学效果。总体来说，政策的发布为智慧校园提供了上层建筑层面的指导。

元宇宙教育受到广泛重视不仅由于基础设备和技术的升级，而且技术和设备的升级也为教育元宇宙的构建提供了底层支持和深入探索的基础。教育元宇宙的智能技术框架如图1-1所示。

教育元宇宙的技术框架由下而上可分为基础层、技术层、服务层和应用层。

基础层可以分为硬件实施、计算框架和数据实施3部分。教育元宇宙主要依托智能芯片、传感器等硬件，实时采集人体相关数据，从而为三维的仿真体验提供助力。数据层面和计算框架是元宇宙的基础架构，多重数据库的构建为实时大量的计算和模拟仿真提供可能。

作为需要大量即时感知系统支撑的教育元宇宙，技术层有着更高的架构要求。不仅要具备人脸识别、动作识别等多种基础智能感知模块，也应具备智能输出的相关模块。关于语音交互层面，教育元宇宙应降低时延、提高运行稳定性。教育元宇宙还应增加体感交互和脑机交互的应用。智能交互模块的开发和数据模块的升级都为用户带来更沉浸化的体验，也为即时互动和场景模拟带来了更大的可能性。

作为由传统——互联网——元宇宙延伸的教育元宇宙，服

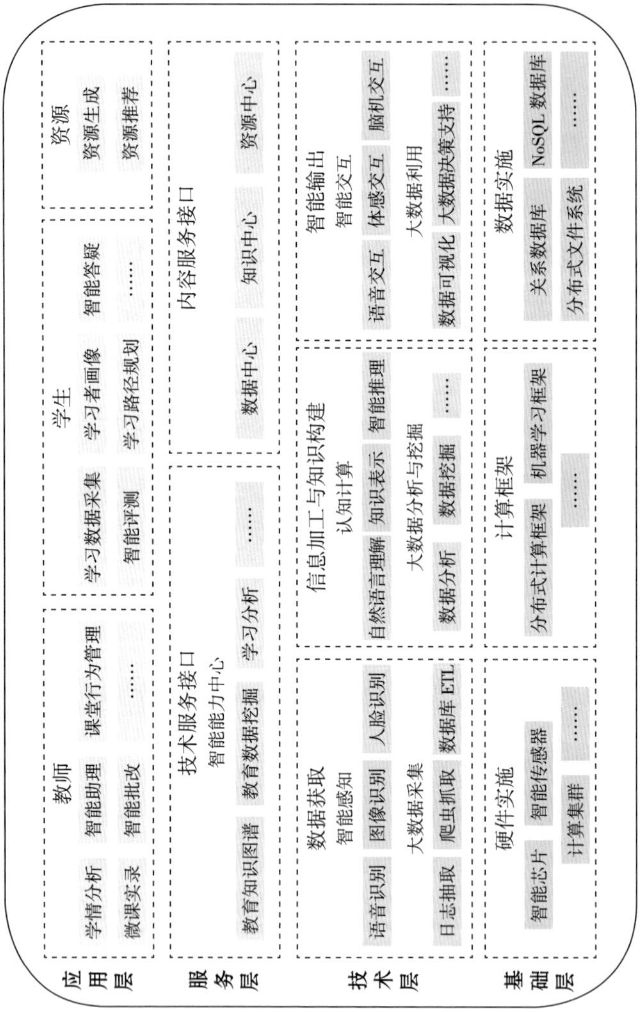

图 1-1 教育元宇宙的智能技术框架

应用层

教师
学情分析　智能助理　课堂行为管理
微课实录　智能批改　……

学生
学习数据采集　学习者画像　智能答疑
智能评测　学习路径规划　……

资源
资源生成
资源推荐

服务层

技术服务接口
智能能力中心
教育知识图谱　教育数据挖掘　学习分析

内容服务接口
数据中心　知识中心　资源中心

技术层

数据获取
智能感知
语音识别　图像识别　人脸识别
日志抽取　大数据采集　数据库ETL　爬虫抓取

信息加工与知识构建
认知计算
自然语言理解　知识表示　智能推理
大数据分析与数据挖掘
数据分析　数据挖掘　……

智能输出
智能交互　体感交互　脑机交互　……
大数据利用
语音交互　数据可视化　大数据决策支持

基础层

硬件实施
智能芯片　智能传感器
计算集群　……

计算框架
分布式计算框架　机器学习框架　……

数据实施
关系数据库　NoSQL 数据库　……
分布式文件系统

务层是架构中的重要一环。元宇宙教育的发展契机是因为元宇宙能够为学习者提供更加多元与个性的服务。智能能力中心的开发包括教育知识图谱的构建、教育数据的挖掘、对教育的相关记录与分析等，这有利于评估学习效果，对教学方法及过程进行查漏补缺，提高教学质量。而内容服务接口将视角转向数据、知识和资源，这为元宇宙中的教育提供了更多的选择性，有利于分众化学习，通过定制化的学习内容达到"千人千面"的教育效果。

教育元宇宙中的应用层针对不同人群提供不同方案。作为老师，元宇宙可以进行学情分析以助老师展开个性化教学，也可以通过智能助理、课堂行为管理、智能批改等程序为老师的教学予以辅助，以减轻老师课外压力，为老师提供更宽松的教育环境。从学生的角度来看，元宇宙教育可以通过构建学习者画像形成对学生学习偏好、学习路径等的基本评估，通过采集学习数据、智能答疑、智能评测、学习路径规划等方式减少学生不必要的时间投入，辅助学生更高效地学习。

社会 + 教育：场域重塑需要开启叙事新可能

随着现代化发展，社会生产模式和社会生存方式都有了较大的变化。社会节奏加快，线上数字化工具被开发利用。人们对媒介的依赖加强，教育与教学的线上化转向是推动元宇宙发展的重要动力，用户需求的增加也为元宇宙教育的发展开启了叙事新可能。

新冠疫情推动教育线上化进程

新冠疫情期间，线上网课平台的确推动了教育数字化转型。边境进出、航班熔断等规定也从某种程度上改变了人类线下生存议程，加深了人们对虚拟数字场景和线上化社交的依赖性。

如图 1-2 所示，根据 2016 年到 2021 年中国在线教育的用户数量统计，2020 年之前在线教育人数不断增加，最高规模已达到 3.42 亿人，这意味着在线教育在现代生活中所占比重逐渐增加。由于疫情原因，教育新的需求点被创造，线上教育越来越普遍。当现有条件达到饱和，疫情有所控制，在线教育应用难以满足用户需求时，用户规模相比于 2020 年的高峰期有所降低。

图 1-2　2016—2021 年中国在线教育用户规模统计

　　线上化工作和生活带来的是人们对手机等电子设备依赖性的不断增强，根据中国互联网络信息中心的相关报道，中国人均每天接触电子设备时长几小时，这为元宇宙教育数字化生存发展提供了土壤。新冠疫情期间，中国提出了"停课不停学"的教育尝试，将学校的课程进行线上转移，通过网络直播、视频面对面等方式进行常规授课。

　　各高校、中小学等教育主体纷纷制定新冠疫情下的教学策略，教育领域的专家也通过开展公益讲座的方式支持新冠疫情期间的教育线上化转型。自新冠疫情以来，教育行业应用程序（APP）月活数据一路攀升，在一定程度上缓解了新冠疫情对教育的冲击。

　　学校创新发展线上课堂等数字化路径，以期继续保持教育和知识输出的运作模式。元宇宙与教育业的结合势在必行。随着应用和教育场景的更新迭代，社会对线上教育的接纳程度也越来越高，教育的技术化转向愈发明显。这些为教育元宇宙的诞生提供了支持。

　　虽然线上化教育仍存在一些问题，教育效果受到一定程度的影响，但种种尝试改善了网络教育的生态。线上教育使人们看到了未来教育模式发展的新可能，元宇宙为教育数字化转向提供了蓝本，这使厂商和用户看到了延伸线下教育的可能性，从而也为教育元宇宙的发展注入了能量。

　　在传统教育到网络教育的转向中，通常采取单调的网络授课形式，网络中基于音频的传输，限制了师生间的现场互动交流感受。由于感官调动的有限性，用户在网络学习中缺乏临场的体验感。网络教育受硬件环境影响较大，网络互动性低，在部分课程的学习中效果不如传统教育的面授模式。元宇宙所提出的全感官延伸与学生在教育中的需求相契合，既能够营造一个虚拟的在场空间，打造沉浸式的体验感，又能够通过硬件设备达到线下交互的效果，实现多维立体的互动。

教育元宇宙迎合教育全球化发展需要

从社会环境层面来看，随着现代化的发展和社会生产模式的变革，快节奏的步伐加速了人们对知识的焦虑，人们的学习需求增加，对学习的方式和互动方式都有了较高的需求。一方面源于后疫情时代对于学习场所的限制，另一方面则源于全球化发展的需要。

联合国教科文组织政策和终身学习系统局局长博尔赫·查克伦（Borhene Chakroun）说过，远程学习战略的有效性主要取决于4个层次的准备程度：技术准备、内容准备、教学准备以及监测和评估准备。

从技术准备层面来看，底层技术的发展架构为教育元宇宙提供了可能。教育元宇宙不仅依托于虚拟现实技术的发展，脑机接口、传感器等技术的重要突破也为教育元宇宙的发展提供了可能。5G为教育元宇宙提供了网络支持，其高带宽和低延迟为远程信息传播提供了基础保障，避免了由于网络教育中网络导致的延迟和中断。

从教学内容层面看，线上教育的尝试为元宇宙教育提供了新的发展经验。教学内容包括依托于网络的数字资源和依托于现实的教学资源。相比于传统教育和网络教育，元宇宙教育提供了更大的承载空间和更具互动性的资源平台，这对教学内容做到了极大的补充。老师能够提供的教学内容依托于元宇宙也能够得到更大程度的发挥、多元化的呈现方式，智能空间为教学活动提供了更多的可能。

从教学实施层面来看，线上的交流与组织对于在线教育至关重要。从教学组织模式到沟通协作效率，再到收费体系的构建，教育中涉及众多环节，区块链的不可更改特性保障了元宇宙中的教育秩序。

从构建监管与测评系统层面来看，教育线上化转型的重点在于打造学习监督和评价系统，其为线上远程教育的效果提供了评估机制。多元化的评估体系为学生的学习效果提供保障，通过对学生状态的评估和完成度的评估，正向的激励有助于学生学习主动性的提高，保证了元宇宙教育的完成度。在线上教学中，由于缺少合理有效的监督测评系统，学生的学习动力和学习效果比起传统面授有所降低。作为网络教育的延伸，元宇宙教育的发展有利于弥合教育效果在网络教育中的不足。

元宇宙意图构建一个虚实融生的生活形态，通过教育资源的共享和主动学习提高教育的互动性和广度。这对线上共享学习空间的构建是非常有利的。

相较于传统的线上教育，元宇宙构建的虚拟数字场景可以为用户提供沉浸式的教育体验。虚拟现实技术在提供个体差异学习视角的同时，也尊重了用户的个体选择权利。重塑教育场域能够让用户的身心同时在场，弥补了传统线上课堂的离身传播问题。

随着生活水平的提高和基本生活的满足，用户对于更多维的虚拟空间有了更多的需要。现实网络也需要创新性发展，教育需求侧推动出了新的疏解渠道。

用户需求增加推动教育向元宇宙转型

用户需求侧的变化推动教育向元宇宙转型。用户需求侧增加主要体现在 3 个部分：其一是在学习型社会背景下对内容的要求和筛选能力的要求提升，内容导向下的教育是需要技术来支持保障，元宇宙中的区块链技术和计算技术为这种需求提供了较为可靠的保障；其二是用户对于感官刺激的追求增加，随着虚拟现实技术的发展，这种基于用户身体感官的延伸逐渐成为可能，具身传播也成为传播研究中的重要命题；其三是用户对于社交的需求也在逐渐增加。城市化进程使得传统社会基于地缘和血缘的人际关系被弱化，个体的原子化生存使得人际变得疏离。人们日常的倾诉欲望和交流欲望难以在现实中得到满足，在线上教育中的互动性也较低，这对教育效果和个人发展都具有较大的阻碍。用户需求侧逐渐增加，教育元宇宙可以满足不同用户需求，迎来了更大的发展空间。

教育元宇宙为用户需求侧提供的解决办法体现在用户心理层面和用户感官层面，主要通过为用户建构全息学习生态，调动用户的感官体验，减少社会压力和相关心理问题。

教育元宇宙提供了一种沉浸式学习的方式，可以有效缓解用户心理在现代化环境下产生的知识焦虑。目前的网络教育鱼龙混杂，版权保护也不够完善。筛选信息成了用户线上教育过程中的难题，学习方式也较为枯燥。学习型社会的建构目标和线下环境受限加剧了用户线上远程学习的需求，元宇宙框架下的共享保证了教育资源的多样性，这能为用户提供更多元的选择。为用户提供保证的是可溯源的区块链技术，这在一定程度上降低了用户的筛选成本，也使教育元宇宙中的学习资源更加规范。而在元宇宙虚拟场景中的互动，其高度仿真的互动性和社交作用也进一步满足了用户的社会性和自我实现需求。

元宇宙为用户的心理焦虑提供解决途径。在算法主导的互联网平台中，信息爆炸带来了用户个体的知识焦虑，不良竞争趋势凸显。而在现实生活和工作中，不同技能的需要也逐渐成为刚需，这使学习成为不同年龄、不同职业的人都要进行的重要活动。网络中数据海量增长，但其并没有有效筛选手段和保障系统，这增加了用户对信息的筛选难度，数据的海量性与用户学习能力有限性的矛盾产生，用户开始产生知识焦虑。而种种压力使得用户的学习焦虑扩大。这为元宇宙教育的发展提供了契机。

教育元宇宙应用依托于虚拟现实技术等数字化手段，通过重构场景和三维化的应用为用户提供教育的平台，在一定程度上吸引了用户进行沉浸式学习体验，将身心的沉浸与教育目标融合，以知识获取的实际行动缓解了知识焦虑。教育元宇宙根据用户的需求构建不同的虚拟使用场景，包括外语对话场景、历史穿越场景等，根据其学科特性对知识进行筛选，在海量学习内容中构建科学性、系统性的学科教育体系，从而帮助用户过滤、筛选信息，进行更加有效的教育。

元宇宙教育通过对现实世界的感官进行复刻和模拟，来实现更沉浸的学习氛围，这有助于调动学习者的相关情绪。在现实世界中的感官体验是综合性的，这依赖于人类大脑对各器官的指挥作用。

线下的传统教育能够调动师生们的多种感官，使教学更丰富。课堂之上，学生调用了视觉和听觉，然后思考听到的内容。通过记笔记等形式调用触觉以进行对知识的沉淀。在和老师同学的互动中，调用了语言进行交流，而在之后复习的过程中又使用多重感官进行调用，从而达到知识沉淀的效果。而在个人电脑互联网到移动互联网的发展阶段，线上化的媒介使用难以在同一时间内调用身体多感官协调作用，通常通过视觉感官和听觉感官进行媒介体验。感官调用的不足直接地影响了媒介的传播效果，学生容易产生疲惫感，心理上也更不容易接受没有温度的网络教学。对于年龄较小的学习者而言，这种低参与性的感官调动，难以使其注意力长时间保持集中。而缺少个体参与感的学习体验，也更难推动学习的正向循环。这也在一定程度上使以手机电脑等设备进行在线学习的效果大打折扣。

正如一位管理大师曾说："身体不是可以抛弃的载体，在一定意义上，身体是我们正在回归的故乡。"具身认知理论进一步限定了身体和环境的交互结果，将认知、记忆思维、情感、学习和态度作为交互结果。仅通过二维化线上课堂的学习还不能调动起全部感官，在教育行业用户对于身体维度的参与仍有着较大需求。教育元宇宙的发展通过对具身化场景的构建模拟人在真实世界中的存在样态，从而通过仿真加强对身体各感官的调动，进而通过传感器和脑机接口的方式将现实身体和虚拟身体结合到一起，从而实现感官到肢体的延伸。教育元宇宙的发展为感官体验的增强带来了新渠道。教育元宇宙为体验学习提供了参考模式，深入地模拟仿真带来更多元的学习途径，而立体化的呈现方式和具身化的操作方式也使学生的记忆更加深刻。

2021 年 5 月 29 日亚洲心血管胸部外科学会（ASCVTS）第29 届在线学术大会上，首尔大学医院利用 XR 平台进行了实时分享。来自英国曼彻斯特大学医院、新加坡国立大学医院及亚洲多国的胸外科医疗团队共 200 多人参加。真实化的模拟场景为学术分享提供了线上化途径，也为用户带来了线上教育的真实体验。如图 1-3 所示，元宇宙为教育提供了更直观的环境，以沉浸式的视角强化用户学习效果，更有助于学习者直观地理解。

图 1-3 现实教学与元宇宙教学

现代化推进下的基本生存得到了满足，随着全面进入小康社会，用户的需求从生活必需上升到了更高层面，即社会交往与自我实现需要。这在传统教育和网络教育中已有体现，传统教育的课堂互动和基于面对面接触的社会交往都给社交需要和自我实现需要提供了机会。但是移动互联网下的线上课堂因缺乏有效的、充分的互动机制，原本应充满教学互动的讲堂变成了老师的"独角戏表演场所"。

二维化的网络环境使教育过程通常以直播课程、视频课程等方式进行，主要为教师向学生单向输出或是学生主动向老师学习，其中的互动性不足以满足社会交往和自我实现的需要。况且在网络教育中缺乏客观的评估记录系统，对学生的学习轨迹进行有效评价和激励还未完善，这导致了一定程度上自我实现需要难度的增加。这种互动性的缺失使教育集中在书本和程式化层面，难以满足学生的社交需求和自我满足需要，也难以形成以奖励机制为正向激励的积极循环。由于缺乏适合的反馈机制，学生的积极性下降，导致了效果打折扣。

如表 1–1 所示，在不同的教育形态下教育互动性具有显著差异。传统教育、网络教育和元宇宙教育分别有着不同的互动特点，也为教育方式的不断拓展提供新的想象空间，在不同的教育条件下教育效果也多有不同。当社会更多地关注个体的自我实现和互动性时，就为元宇宙教育发展提供了新的机遇。当传统教育和网络教育对个体强调得并不明显时，元宇宙场域下提供的个性化和互动性就成了需要被重点发展的部分。作为聚合性的智能学习场景，元宇宙教育能够提供感知环境、记录过程、识别场景、社群链接等多特征支持。

教育元宇宙为用户的社会交往和社会互动提供平台，其社交属性是通过与老师的互动、与他人的交流和与场景的交互实现情感反馈，从而能够更好地形成正向激励反馈机制，鼓励学生能够长久地形成良性学习习惯。作为虚拟场景的搭建平台，教育元宇宙的记录功能还能在缩小线上线下差异的同时超越原有的教育功能，通过更丰富的场景变换和数据记录形成更加科学化的教育程序，统计数据的应用在给用户带来成就感的同时，还可以通过排名等方式激励用户更加努力。

表 1-1　不同教育形态下的教育互动差异

教育形态	互动关系	互动形式	自主性	模式优劣
传统教育	基于面对面的强互动，知识多向输入	提问＋讨论	较低	利于落实教学计划，教育效果较好，统一进度有利于制订科学学习计划
网络＋教育	基于一对多的弱互动关系，知识单向输入	连麦＋打字	较低	单向性较强，教学效果有限
元宇宙＋教育	基于各维度的互动，知识多维输入	主动选择＋模拟仿真交流＋知识深入挖掘	较高	更强调个体维度，个性化选择，自主性和互动性较强，吸引学习者主动学习

可以期待的是，当元宇宙的基础设备得到普及，用户入场得到保证的条件下，教育资源的分配将形成更加公平的局面。数字资源的特点就是不受制于地区及经济水平的发展，不同区间的孩子只要拥有设备就可以接触到昂贵的虚拟教学设施，也可以拥有定制的虚拟教室和教师，地区导致的资源的不平等将被抹平。在不同的受教育群体间，"有教无类"的教育公平思想还面临着很多障碍。残疾人群体在教育体制中尚未被给予足够的重视，这也导致了教育的失衡。现有教育体制在短时间内打破这种教育差距，而元宇宙为教育行业提供了此类问题新的选择方式和处理手段。

"元宇宙＋教育"可以将已有的教育资源进行优化，在技术的帮助下，在元宇宙空间内进行教育资源的呈现与共享。这将突破地理区隔的限制，让优秀的老师和教育内容远程共享。集合最优质的教育资源在虚拟世界中得以呈现，弥合了由师资不同导致的区域间数字鸿沟，提供了更公平的接触环境和学习环境，搭建了更完善的学习场景。通过对虚拟身体的构建，教育元宇宙为身体残疾的用户搭建了虚拟身体，从而帮助他们摆脱其自身躯体的限制，置身于更公平的教育环境中。通过与经济的紧密结合，教育元宇宙还为区域资源分配不均提供了虚拟解决方案，有助于推进更和谐更公平的社会构建，化解教育问题中的潜在风险。

技术＋教育：技术发展为智能学习环境构建基石

元宇宙作为多种技术结合的场域，在各领域技术进展的支持下开启了新技术革命时代的新篇章。

技术作为元宇宙发展的底层逻辑，为教育元宇宙的发展提供了多重可实现路径。如图 1-4 所示，在教育元宇宙中包含多重技术模块，不同技术的发展为教育元宇宙提供了多维发展空间。区块链技术在为信用交易提供保障的同时，对数字校园的建设、学习成果的认证起到了保障作用。交互技术通过对姿态、手势等用户使用的捕捉提供了模拟的学习环境，为摆脱时空界限提供了支持。物联网技术作为多模态智慧校园的基础，为创客教育提供了发展空间。网络及运算技术提供了底层架构，为多终端协同的校园构建和各模块的应用提供保障。人工智能有望实现真正的"因材施教"，为受教育群体定制智能方案，使个性化学习成为可能。而电子游戏技术则为学习带来了更多乐趣，有利于学习效果的提升。

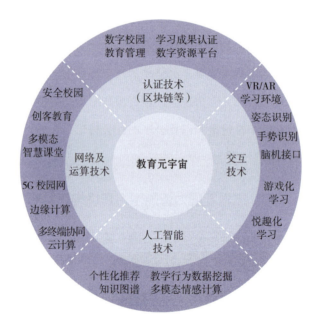

图 1-4　教育元宇宙相关技术模块

教育元宇宙所涉及的关键技术包括网络配置、虚拟现实技术、区块链技术、人工智能技术等。

以 5G 为代表的网络配置升级为元宇宙的发展提供了基本的支撑，与以往的网络环境相比，5G 具有高速率、高带宽、低时延的特性为虚拟元宇宙场域的构建提供可能，也为教育元宇宙提供了基础的技术保障。元宇宙教育由于场景搭建的高沉浸度，需要实时同步采集数据和上传数据，从数据到计算，再到虚拟现实，都需要高速率高质量的网络支持，5G 的发展为元宇宙教育的发展带来了契机。

当前网络的高带宽为教育元宇宙提供了高承载性。教育元宇宙具有共享性，用户可以在虚拟世界中共享教育资源，提高教育资源配置。高带宽为教育资源的传递和接收提供了支持，也保证了场景构建的真实性。随着 5G 技术的进一步成熟，国内 5G 在用户数量等各个方面均有了较大提升，5G 走入日常生活。5G 的发展使数据传播和场景构建即时化，为互联网交互提供基础可能性。而 5G 的发展则继续深入，迎来从"5G 云网融合"到"5G 算网一体"的转变升级，并进一步将网络和计算相融合。这为教育元宇宙的发展带来了契机，推动了教育行业与元宇宙的融合，使得"卡脖子"问题得到解决。

虚实界面作为教育元宇宙中呈现场景的重要支撑，在近年来取得了重要进展，虚实界面能力增强为场景构建提供可能。

营造虚实交互的拓展现实技术包括 VR、AR 和 MR（融合现实）等。其中，VR 对人类的感官进行延伸，通过对听觉、触觉以及动作的捕捉实施虚拟场景的构建，摆脱了地理的界限，提供沉浸式体验。AR 则是依托于现实世界的背景，在现实世界的三维化视觉基础上叠加虚拟信息，做到虚实结合的场景体验。

MR 则通过向视网膜投射光场，实现虚拟世界和真实世界的部分保留和自由切换。

如图 1-5 所示，根据预测，2020—2024 年，VR/AR 终端出货量增速将达到约 80%。

图 1-5　VR/AR 终端出货量市场规模及预测

"十四五"规划纲要中提到"建设数字中国"数字经济重点产业，而数字产业与拓展现实技术息息相关。随着虚拟现实技术的进一步发展，大量体感技术逐渐成熟，用户的动作识别和场景构建能力都迎来了较大进展。相关无线模式数据传输技术也愈发成熟，通过声音、影像等维度能够更迅速、更直观地表现场景，使 VR 能够带来具身沉浸的体验享受。技术的逐渐成熟使得用户的体验感增强。VR 在各领域的应用也逐渐增加，包括游戏、教育、艺术、旅游等产业和领域均有涉及。AR 技术是将三维虚拟场景与现实场景联动的方式和手段，以其空间性、具身性、富媒体性、游戏性的方式，革新了组织管理模式。AR 作为数字世界和现实世界构建的桥梁，为教育元宇宙的消费端提供未来市场方向，具有非常大的开发潜力。

拓展现实技术的逐渐成熟为教育业进军元宇宙提供了虚拟场景构建的能力，现阶段教育行业的应用数量有 357 个，占总应用数量 17.89%。可见教育行业在元宇宙中建构的重大潜力。

除了拓展现实技术的快速发展，机器人和脑机接口的发展也为教育在元宇宙中的发展提供契机。作为现实和虚拟世界的重要结合点，由自然人、机器人和虚拟人构建的"三元一体"系统将成为连接虚实世界的重要渠道。其中脑机接口技术的应用为全民教育提供了可能，摆脱了现实身体桎梏的脑机接口，为特殊人群接受教育提供了更好的机会，这都为教育元宇宙的发展提供了支持。

计算技术包括空间计算、云计算、普适计算、边缘计算、语义计算、光计算等，数据处理能力不仅可以赋能场景更迭，也是结合了数据采集与模拟运算等为一体的大数据计算模式。计算技术的提升面向复杂条件和多物理形态下的环境提供了基于算力的架构，结合 5G 等技术在各领域都取得了实践进展，为元宇宙中大数据量的转换和场景的构建减少了限制。计算技术的提升进一步增加了数字化的新可能。

从云计算到泛在计算，基于大数据下的数据处理能力的发展推动了教育行业向元宇宙转型。在智能技术的加持下，从数据的采集与抓取，到对数据的实时计算，云计算作为数据处理能力的重要代表，将有效促进教育行业的智能化转型，进一步为共享模式下的教育资源呈现提供发展空间。作为底层架构，云计算可帮助实现远程教育中的数据采集和追踪，有助于实现教育行业的可配置收缩、精准动态服务和多元资源整合等。在教育元宇宙场景的构建中，云计算、云存储和云渲染作为 3D 场景构建的重要依赖，对最终场景呈现的自然化和仿真程度都有着重要影响。

作为推动教育元宇宙发展的技术契机之一，人工智能的发展为教育元宇宙的运算性能提供了更高的支持。人工智能领域的发展有利于拓延教育元宇宙的时空维度，在具有交互感的同时，有组织地对元宇宙世界中的教育资源进行整合，对用户的学习效果产生较大影响。人工智能的发展还体现在对内容的生产、筛选和审查机制的作用。作为代替人工的较优选择，人工智能可以对教育元宇宙中的海量内容进行审查，而基于相关算法，可以智能生成针对不同用户的个性化内容，从而实现元宇宙的自发有机成长，为维护元宇宙秩序提供帮助。

认证机制的开发也推动了稳定性的发展，区块链是一种去中心化的分布式账本数据库，是具有安全性、不可篡改性、公开透明可追溯等特性的通信技术。随着对新应用领域的开发和市场拓展，区块链技术呈现出较大的发展潜力，通过与不同技术的融合优化，拓展了各行业的应用场景，加深了与教育、金融等不同行业的结合，逐渐形成了健康产业生态链条。

区块链技术发展呈现出多点化、深度化、多领域的演进趋势。核心技术进行了多点突破，带动了总体技术的提升和产品形态的逐渐分化。技术上也经过了深度融合与拓展，发展突破了单链的诸多限制和瓶颈。在不同产业领域中区块链技术多有应用，这对教育元宇宙提供了底层架构，也为网络版权保护提供了较为完善的应用支持。

政策 + 教育：教育理念变革下的多维设想

信息技术的发展和教育理念的变革推动了教育行业向元宇宙的转型发展，政策的转向和支持为教育元宇宙的发展提供了后盾和前进动力。在教育领域，当前社会整个处于转型发展的关键时期，在智能化转向和客观环境的促使下，教育模式的转向处于加速期。相关政策的发布和教育理念的变革为教育行业迈向元宇宙提供了契机。

从 2016 年到 2022 年，随着科学技术的发展，我国教育政策和体制也迎来了技术转向。

多份文件表明，除了要加强教师团队和领导团队的信息化能力，还要加强落实实验教学与多学科融合教育，其中包括和技术相关的编程教育、人工智能教育、虚拟现实教育等，全面促进信息科技与教育行业融合。

作为富技术的结合，元宇宙中的泛在为伴随一生的教育提供可能，有利于创造学习型社会；元宇宙中的虚拟形象建构和对身体的延伸，有利于构建平等的面向每一个人的全纳教育；元宇宙的多元性和定制的个人学习方案为个性化教育提供发展的土壤，尊重差异也有利于不同类型学生的学习成长；共享性和开放性则带来了教育资源的多样，泛在学习的观念和推广也将有利于发展开放灵活的教育。

针对职业教育，在 2020 年 7 月发布的《职业院校数字校园规范》中提到，目前针对职业院校也要开展数字校园建设，利用互联网、大数据、云计算、物联网、人工智能、5G 等技术，强化数字化在教学和文化传承社会服务等功能的地位。2020 年 9 月发布的《职业教育提质培优行动计划（2020—2023 年）》鼓励职业学校利用现代信息技术推动人才培养模式改革，利用互联网技术推进教育新形态建设，其中包括构建"互联网 +"和"智能 +"的教育形态体系，推动教育教学质量的提升，并提出了加强实训基地的建设，促进教育改革落地。由此可见，技术和教育的融合有着相关政策的支持。根据相关政策，由于客观条件的限制，较多类型的实验、培训难以在现实中开展，也缺少了相关结果导向的模拟，影响了职业培训的效果。作为现实的延伸，元宇宙为职业教育提供了更多的发展空间。

2020 年 2 月发布的《关于有序推动工业通信业企业复工复产的指导意见》中表现出对新业态新模式的重视，支持 5G+、超高清、增强现实、虚拟现实等应用场景的开发，从而推动包括远程医疗、在线教育、数字科普、在线办公、协同作业、服务型机器人等健康生态的发展，在促进线上生活产业化的同时，带动智能终端消费。

2021 年 1 月发布了《支持康复辅助器具产业国家综合创新试点工作政策措施清单》，强调了对各领域的基础研究和科学前沿探索，并在同年 3 月发布了《中华人民共和国国民经济和社会发展第十四个五年规划和 2035 年远景目标纲要》，进一步强调了将信息技术应用到各行各业的重要性。一系列政策的发布推动三维图形生成、动态环境建模、实时动作捕捉、快速渲染等技术创新，为发展虚拟现实、感知交互、内容采集制作等的相关设备和开发工具软件提供有力支持。

信息技术随着算法、5G 等基础技术的进步飞速发展，我国多种政策出台，以促进创新技术和各产业的融合。2021 年 5 月，《关于开展出版业科技与标准创新示范项目试点工作的通知》发布，这意味着对大数据、人工智能、区块链、云计算、虚拟现实等技术在出版行业进行尝试与推广。

以 2021 年 6 月教育部发布的《关于成立校外教育培训监督司的通知》为契机，针对校外教育培训行业的监管和整治工作正式开始。教育部联合发改委、市场监管总局等多部门，针对教师队伍、机构设置、收费状况、培训教材等多方面展开规范整治活动，通过政策的发布对校外培训建立完善的标准体系，整治校外培训乱象。同年 9 月发布《关于坚决查处变相违规开展学科类校外培训问题的通知》和《关于加强义务教育阶段学科类校外培训收费监管的通知》，强调了校外学科类教育培训的公益性质，并对违规开展校外培训的机构进行查处，使校外培训教育得到完善监管，形成行业化体系。政策还推动了对于收费模式的监管等，强调了要兼顾区域间经济水平、家庭条件等因素，有力地促进了教育公平。

如表 1-2 所示，在教育领域已发布多项技术相关的政策法规，也为教育元宇宙的发展提供了路径。

表 1-2 "教育 + 技术"相关政策

发布时间	相关政策	主要内容
2016 年	《国民经济和社会发展第十三个五年计划（2016-2020 年）规划纲要》	首次提出虚拟现实这一技术发展，指出未来对虚拟现实发展的态度，要大力扶持该技术的发展
2017 年	《国家教育事业发展"十三五"规划》	细化了未来对教育体制的建设，加大了对数字校园、智慧校园建设的重视，提出将科学技术的最新进展应用到校园生活中，从而使教育质量得到提升。规划提出，要综合利用互联网、大数据、人工智能和虚拟现实技术等为未来教育教学提供新模式

（续表）

发布时间	相关政策	主要内容
2018 年	《中小学数字校园建设规范》	要利用云计算、大数据、物联网、移动通信、人工智能等技术，加强数字教育体系的建设，利用各互动式方式实现各方面的数字化，包括基础设施、资源呈现到实际应用等各方面都要促进信息技术的应用，加强新技术与教学教育的融合，从而培养适应新时代需求的创新人才
2019 年	《2018 年国家虚拟仿真实验教学项目认定结果的通知》	要求加强各行政部门和相关高校对虚拟仿真实验教学项目建设工作的领导，强调了建设虚拟仿真实验室的重要作用，并提出了针对高等教育发展要加大科技建设力度，并推广在高等教育中虚拟现实技术的应用
2020 年	《职业院校数字校园规范》	目前针对职业院校也要开展数字校园建设，利用互联网、大数据、云计算、物联网、人工智能、5G 等技术，强化数字化在教学和文化传承社会服务等功能方面的地位
2021 年	《中华人民共和国国民经济和社会发展第十四个五年规划和 2035 年远景目标纲要》	进一步强调了将信息技术应用到各行各业的重要性。一系列政策的发布推动三维图形生成、动态环境建模、实时动作捕捉、快速渲染等技术创新，为发展虚拟现实整机、感知交互、内容采集制作等设备和开放工具软件提供有力支持

　　针对校外学科类教育培训行业的监管增加了校内教育的重

要性，也进一步为元宇宙在校园的发展提供空间。多元的展现模式与全息化呈现，既有效地提升了教育效果，也在一定程度上弥补区域间经济发展差异带来的师资不平衡问题，从而进一步促进教育公平。

各项政策的发布进一步推动了教育体系的建设和监管体系的完善，也进一步促进了信息科技的发展和教育行业的融合。先进的信息技术是要为社会服务的，在教育行业的应用是十分必要的。这为元宇宙在教育行业的发展提供了空间，教育元宇宙的开发和融合将进一步促进教育公平的实现。

第二节　国脉民命：教育的前世今生

穿梭在元宇宙构建的时空长河里，你看到千年前的祖先在学习如何狩猎；随着他们奔跑的步伐，你看到了一个个王朝的建立与兴衰；你看到孔子的身影穿梭在时光中，那抹淡青色的影子为教育事业注入了新的活力。

你看到了教育一代一代发展，终于有一天实现了平民也能接受教育。你看到无数学者在时代中站起，用脊梁为后辈撑起了一片天……

作为关系到社会发展和民生水平的重要环节之一，教育对人类社会具有极大的推进作用。从古到今，人类社会在教育推动下走向不同状态，社会的发展和技术的进步也反过来作用于教育。随着历史的进展和社会形态的迭代，教育在技术进步中不断转型，多种教育样态应运而生，从教育主体到教育开展的方式都有了较大的变化。如表 1-3 所示，不同的教育形态具有相应的教育特点。

表 1-3 不同教育形态下的教育特点

教育形态	时空关系	模式优劣
传统教育	时空同在（同一时间，同一空间）	教师对课堂掌控度更高，教育效果更好，但个性化程度较低
网络 + 教育	虚拟在场（同一时间，不同空间）	多场域共存，降低地理依赖，但效果差距明显
元宇宙 + 教育	时空泛在（不同时间，不同空间）	时空拓展性有利于打破时空界限，沉浸式体验弥补网络教育不足，但游戏性较强易产生沉迷风险

元宇宙随着区块链技术、虚拟现实技术等重大突破逐渐成为可能。而突破时空局限的元宇宙为教育提供了更多的可能，元宇宙教育成了从传统教育到网络教育向后发展的下一升级方向，成了教育行业在未来媒体发展趋势下的转向之一。

探索未来的同时也要回望来路，传统教育的发展在不同历史时期有所进展，历经千年，其中形态若干都促进了传统教育体系的成熟，逐渐形成了社会中的教育行业。

如表 1-4 所示，依据不同历史时期下教育的特点，可将教育的发展分为原始社会教育、古代社会教育和现代社会教育。

表 1-4　不同教育时期下的教育特点

教育发展时期	教育形式	内容特点	阶级特点
原始社会教育	口耳相传＋实践模仿	生存技能为主	没有阶级性，教育权利平等
古代社会教育	封闭式教育，官学＋私学	与生产劳动相分离，主要为军事知识、宗教教义和道德知识	阶级性明显，面向少数特权阶级；一方面是培养统治阶级，另一方面是维护统治
现代社会教育	面授课堂	理论＋实践为主，科学精神和人文精神走向统一，时空拓展性增强	教育平等化，全纳教育被提出，终身学习被推行
	网络教育		
	元宇宙教育		

传统教育发展已久，以创办主体的不同可分为私学和官学。

官学在很长的历史时期中，都是封建统治的产物。在春秋战国之前，只有权贵子弟才能够接受正规成体系的教育，贫困子弟全无接受系统教育的可能，这加大了社会分裂，使封建社会中的阶级固化。秦代以后，经过一系列的教育尝试，形成了私学与官学并行的教育模式。官学经汉代的发展形成了中央官学和地方官学的教育体系。

中央官学的代表是太学、宫邸学和鸿都门学，设立在京师。

地方官学主要是由地方出资创立的郡国学校，以地方为主体进行教育培养。太学这一国立最高学府的形式随着历史沿革得以留存。随着古代政治经济的发展，西周时期便产生了"太学"这一国立最高学府。自此之后，虽名称随着历史时期的变迁而几度更改，夏朝时期为东序，商代时期改名为右学，周代将太学称为上庠，到汉代才基本形成体系化的教育模式，从历史常识中足以见得教育在历朝历代都受到了极大的重视。

相较于学生名额较少、进入门槛较高的官学，私塾成了较为普遍性的教育方式。私塾与官学是中国古代教育主要的教育形式。私塾是中国古代社会一种开设于家庭、宗族或乡村内部的民间幼儿教育机构，通常起到教育启蒙的作用。古人向来尊师重道，无论是私塾还是太学，对老师要求较高，除了要具有丰富的学识之外，能胜任老师一职的常是德高望重之人，可见在古代教育地位之高。公元前 522 年，孔子决定开办民间教育，希望通过一己之力改变礼崩乐坏的现实，使殿堂之上儒风盛行。提出了"有教无类"的想法，将平民教育予以推行，以私人身份推行教育四十余年，学生遍布天下。自从孔子杏坛讲学以来，一改"学在官府"的局面，"学在民间"由此蔚然成风。中国古代教育方式的演进如表 1-5 所示。

表 1-5　中国古代教育方式的演进

时期	发展概况	教育方式	备注
原始时期	生活教育	生产劳动的教育	/
		生活习俗的教育	
		原始宗教的教育	
		原始艺术的教育	
	学校萌芽	体格和军事训练	
		军事教育成为基本内容	
		"孝"成为道德教育的新内容	
		礼乐之教	
夏		重视军事教育训练	教育的目的是培养奴隶主贵族武士
		宗教教育，敬天尊祖为中心	
		人伦道德教育	
商		思想政治教育，以"孝"为中心	实际划分了教育阶段，划分为大学小学或左学右学；文字趋近成熟并成为有效教育手段
		军事教育	
		礼乐教育	
		书数教育	
西周	学在官府	学在官府，官师合一	视学制度
		国学、乡学	
		小学与大学教育	
		家庭教育	
	六艺教育	礼、乐、射、御、书、数	

时期	发展概况	教育方式		备注
春秋时期	私学兴起	孔子教育思想	"有教无类"	道德教育居首要地位，对教师要求高，需要有职业道德，以身作则
			"因材施教"	
			学思行结合	
战国时期	稷下学宫	集讲学、著述、育才活动为一体并兼有咨议作用的高等学府		学术自由，待遇优厚
	墨翟和墨家	政治和道德教育，科学和技术教育，文史教育，培养思维能力的教育等		主要价值体现在科学技术教育和训练思维能力的教育

到了唐宋明清时期，由于教育制度的确立，书院得以兴起。书院是一种独立的教育机构，是私人或官府所设的聚徒讲授、研究学问的场所。应天书院、岳麓书院、嵩阳书院、白鹿洞书院并称中国古代四大书院，教育内容更偏向于应用，相较于官学具有更多的学术自由和选择权力，为社会提供了大批优质人才。

在古代的教学中，老师不仅是传道授业的代表，也是权威的象征。明代文学家宋濂在《送东阳马生序》一文中提到，每当作者援疑质理时，常立侍老师左右，俯身倾耳以请。古时的教育要求学生身体在场，面授教育为主，书本辅助。古时的传教以具身传播为主。传统教育中师生的角色具有明显的划分，并设定一定的规则和制度来保证师生间内容传递的顺利进行。

如古代官学中对于老师通常给予一定尊称，并有等级森严的奖惩制度，私塾中也通常以老师为尊，为学生制定了一系列的规矩和要求。现代社会中的传统教育为了让学生更有约束感，对学期课程有详细的规划，并对每节课设置固定的时间，在学校进行封闭式教育，有利于培养学生的习惯和规矩，这为良好的课堂秩序提供了保障。

中华人民共和国成立后，随着工业的发展和社会环境的变化，以教室为单位授课成为主要授课形式。三尺讲台成为新的知识殿堂，黑板成为传递知识的媒介。此时传授不仅局限于口耳相传，黑板的存在和白话文的普及为教育设立了新的媒介展示形式，起到了呈现式的媒介作用，但仍以言传身教和书写为主。

教育条件逐渐提升，教学环境逐渐好转，形成了稳定的室内教室。课堂逐渐成为一个封闭的场域，在这个场域中，老师是主导者和传播者，学生是接受者，老师对学生进行一对多的传播。而老师承担的学科和作用也逐渐分化，随着国外文化的引进，我国国内也逐渐开始了分科制度，由不同老师担任不同学科的主讲，拓宽了知识面广度的同时，讲解也变得更加深入具体。

在长达千百年的教育发展史中，传播通常是以面对面形式进行的，是发生在人与人之间的一种传播活动。学生在课堂上通过问答形式与老师进行互动，老师也可以通过对学生的观察

来判断学生状态，对其不好的状态能够及时提醒矫正，这保证
了传统教育的课堂效果。

传统教育是基于一定的教育框架，围绕着某些特定的教学
理论和学习内容进行的教育，具有较低的灵活性。教师作为课
堂的主导者，利用自己的方式进行传授，内容相对固定，讲课
方法根据不同的老师呈现出差异化。

相比于传统教育，网络教育和元宇宙教育对传统教育中的
时空关系进行了解构，优化资源配置方式，更有利于促进教育
公平。相比于传统教育中老师作为传播者的角色，网络教育中
的老师更多的是教学中的组织者，对学生的自驱力要求较高。

如表 1-6 所示，中国的在线教育依次经历了萌芽起步阶
段、探索生存阶段、快速成长阶段、初步成熟阶段和拓展创新
阶段。

表 1-6　国内网络教育发展历程

所处阶段	时间	教育背景	教育体验	教育代表
萌芽起步阶段	20 世纪 90 年代末—2005 年	国内互联网起步	网络建设程度较低，体验较差	国家批准 68 所高校作为全国远程教育试点
探索生存阶段	2006—2012 年	网络带宽服务提升	视频课件为主流，相关模式持续探索	新东方在线、沪江网校等开启线上教育新阶段

（续表）

所处阶段	时间	教育背景	教育体验	教育代表
快速成长阶段	2013—2017年	互联网、移动互联网技术升级	直播课出现，带来更稳定的教育体验	多直播课平台诞生，不同类型的教育体验出现
初步成熟阶段	2018—2020年	技术服务增强，政策监管趋严	服务属性增强，在线教育开始针对用户群分化	市场竞争激烈，产品体系发展
拓展创新阶段	2021年至今	关键技术突破，双减政策规划教育改革	个性化增强，重视交互和用户体验，进一步增强社会性教育体系建设	罗布罗克斯（Roblox）等企业进行教育元宇宙初步尝试，高效推进研究进展

　　网络教育的转变以技术发展为契机。工业革命和现代化进程推进了教育的发展，知识的展现途径和教育渠道呈现出新的特征。电子设备的出现为教育提供了新的选择方式，也增加了课堂的互动性和趣味化体验。多媒体设备逐渐走进讲堂，以其多样化、可视化的呈现方式成为学校日常使用的教育工具。演示文稿（PPT）、视频、图片等更新了旧时只以黑板呈现教学内容的模式，提高了课堂效率，也有利于增进学生的理解能力。多媒体教室下的师生仍处于共同在场的具身传播，老师仍担任主要的知识传递者，但呈现方式的更新增加了师生的互动性，成为学校中的主要课堂应用方式。

如表 1-7 所示，课内教育和课外教育随着不同的技术与呈现方式，具有不同的教育效果。

表 1-7　目前不同教育形式下内容呈现方式

教育形式		呈现方式		作用	教育效果
课内教育		传统方式 - 黑板		系统性课程设计，有利于学生学习习惯的养成，也利于教师对课堂的掌控	空间集中度高，学生注意力易集中
		电子技术	多媒体设备		展现形式多样，丰富学习体验
课外教育	学科教育	线上（直播课）线上（视频课）线下		补充课堂教育，筑牢课内基础	拓展教育维度，多视角展示，有利于打破时空限制
	素质教育			发展身心，培养全方面人才	

课内教育由于技术的更迭有了新的展现形式，课外教育也迎来了更广泛的发展。根据培养目的的不同，课外教育可以分为学科教育和素质教育。学科教育用来补充课堂教育，素质教育重点在于发展身心。又根据年龄的不同，将课外教育细化为不同阶段。由于学生的时间和精力有限，在线课堂成了代替面对面讲授的更优选择。在线课堂中，学生与老师不在统一场域，依托于网络设备进行单向为主的讲授。在线课堂的产生一定程度上重构了时空关系，将身体在场从课堂上剥离，变成非必要条件，学生由此获得了身体环境的解放，具有选择性。

网络教育为学生的自主性学习提供了方式。开放性的学习资源为学生自主学习提供支持，几乎所有的学习相关资料都能够利用网络进行检索应用，而这提高了资源利用效率，在一定程度上为网络中的学习者提供多元的选择路径。使得学习者在网络中可以主动进行多种信息的获取，这有助于学生多方面共同发展。

网络教育的兴起创新了教育模式。有别于传统教育中讲授为主的教育方式，网络教育提供了自主化学习、个性化学习，也提供了探索性研究和深入性学习等方式。海量的互联网内容为不同门类的学习研究提供支持。

但一定程度上，在线课堂会折损课堂的效果。由于培训机构的商业化属性，课程的设计者本着利益最大化原则，将线上课堂设置为多人大课，有的在线课堂甚至达到了几万人，这大大折损了课堂中具有较大作用的互动比例。

另外，由于网络承载能力和系统承载能力的限制，互动通常以文字形式或者个别连线的形式，这使学生处在一种缺乏监督的状态中，对学生的自律性和学习能力都有较高的要求。这种遥在的虚拟在场虽一定程度提高了时间效率，降低了知识传播成本，其效果却大打折扣。

从知识产权的层面来看，在线课堂的知识产权难以得到有力保护。一方面由于其对课堂版权的保护机制建立并不健全，另一方面是由于课堂本身可复制性较强，容易通过录屏或下载视频等方式传播。这对于知识方法创造者是不利的。

知识传播的途径和方式随着教育的发展产生了较大更新，师生的关系和所在场域也产生了较大变化。从最开始的身体共同在场，到身体在网络中的虚拟在场，师生被隔绝在屏幕的两端。相比于传统教育，网络教育和元宇宙教育对传统教育中的时空关系进行了解构，优化资源配置方式，更有利于促进教育公平。现代化进程带来的技术进展在带来便利化的同时却也限制了课堂效果，为了弥补这一线上不足，全息化沉浸式的元宇宙教育成了教育的新模式。

教育元宇宙的提出源于元宇宙概念的兴起和虚拟化尝试，虚拟现实技术的发展为教育在网络教育的基础上构建了一种全息的、沉浸式的可能，这为在线课堂提供了一种更加落地的思路。通过环境的模拟和虚拟场景的构建，教育元宇宙为师生提供了虚拟化的共同场景，将被分离的身心在虚拟场景中合为一体，为被割裂的感官与注意力提供新的教育思路。

元宇宙下的教育拥有沉浸式的场景构建，打破横向的空间壁垒。在教育元宇宙构建的场景中，淡化忽视真实世界中的地理区隔和地理限制，通过 VR 技术、XR 技术等方式还原重构课堂场景，弥补线上教育的不足。用户能够在元宇宙构建的虚拟世界中建立自己的分身并进行相应设置，而老师则通过虚拟教师的构建进行课堂讲授。老师在讲授中可以使用虚拟场景中的响应教具，三维化的场景构建会增加学生的学习效果。二者共同在场且可以选择不同学习场景，既能有效进行互动，又有利于学生进行三维的、更加到位的理解。

元宇宙教育拥有的场景构建能力还能打破纵向的时间壁垒。全时性的线上构建为用户提供了多种不同选择，能开阔眼界，能在虚拟场景中穿越时空，回溯历史的进程。这为不同时间作息的用户提供了看待世界的多维机会，为全民教育提供了新的思路选择。

相比于传统教育和网络教育的教学模式，元宇宙教育更强调学习的泛在性和自主性。在摆脱了地理场景限制的元宇宙中，学习者可以通过有选择的内容获取来进行不同模块的学习，相比之下更加主动。无论是实验的模拟，还是奖励制度的构建，都有助于提高学生的主动性，有利于培养学生的长久学习，更有利于学习型社会的构建。在元宇宙教育的教育模式中，除了为传统教育以教为主的传授式教学提供虚拟空间，还有探索性学习模式、创造性学习模式等。学习模式的更新为学习增添了趣味性，也能够调动学生学习积极性，有利于教育的推行。

元宇宙教育也是对教育个性化发展的延伸。无论是教学方式的设定还是学习内容的选择，都为学生提供了个性化的学习思路。个性化趋势带来的是不同类型人才的培养，也带来了"因材施教"的落地可能。元宇宙教育将网络教育的个性化进一步推动，使元宇宙中能够构建出丰富的、差异性的社会。元宇宙教育的个性化还体现在系统分析的差异化，通过学生的数据追踪和数据分析计算，一系列算法呈现出学生的个性化信息，这种信息的共享也有助于教师对于学生学习特性的掌握，更有助于在元宇宙教育中制订教学计划，给予学生差异化的指导。这将大大提升教育的针对性，学生在教育中的获得感也更高。

元宇宙教育中，虚拟校园的构建和不同教育体系的搭建，提供了自动化管理的方式，大大减少了人力资源的投入，实现了入学的手续流程、上课签到方式、课后追踪调研等一系列教育管理活动的自动化。

无论是五千年以来不断发展的传统教育，还是随着网络而兴起的网络教育，或是近年提出的元宇宙教育，都是为了提高教育质量、推进学习型社会并造福人类的重要尝试，短时间内无法相互替代。无论是传统教育还是网络教育，都有各自的优势，也同时存在某些缺点。元宇宙教育为二者提供了一个更好的结合点，通过融合两种教育形态的优势，为受教育群体提供虚拟的场域进行学习。在未来这三种教育方式将处于相互弥补的状态，从而共同构建学习型社会。

第三节　从传统教育到元宇宙教育的延展

元宇宙教育带来的是对传统教育链条延伸，在元宇宙相关技术的推动下，元宇宙教育已经成为新的教育形式，这为传统教育行业带来了多方面的延伸。元宇宙教育是在技术推动下对教育体系和学习方式的革命，它拓宽了教育方式，为传统教育向泛在学习转型提供机会，使教育的平台更多元化。

教育链条延伸

元宇宙的发展空间为教育链条的延伸提供助力，开源证券分析师方光照对元宇宙行业链条进行了划分，如表1-8所示。

表1-8 "教育 + 元宇宙"链条延伸

元宇宙行业链条分类	具体体现	"教育 + 元宇宙"中体现	备注
体验层	游戏、社交、运动、电影、购物等	依托于虚拟身份的课堂互动	/
		通过场景构建实现的实验模拟	/
发现层	广告网络、策展、互评、商店、代理商等	为教育资源的整合和推广提供了多元空间	多维可选择的，有评估机制的路径
		将内容的提供者和内容接收者进行连接	形成了从生产者到消费者的闭合行业链条路
创作者经济层	设计工具、资产市场、工作流、商业贸易等	为教育内容的生产者提供了多元的创作方式	设计工具的开发和利用使创作者主体泛化，由传统教育中以教师为主体转变成多主体并行。这有助于在不同领域的探索与发展
		提供了可供实现虚拟与现实相连的货币机制	

（续表）

元宇宙行业链条分类	具体体现	"教育＋元宇宙"中体现	备注
空间计算层	3D 引擎、VR/AR、多任务界面、地理空间制图等	空间计算为元宇宙中教育资源的呈现提供支持，其发展水平直接影响着学习者的体验和学习效果	对相关硬件配套设施提供商带来了更大的机遇，也提出了更高的要求
去中心化层	边缘计算、AI 代理、微服务、区块链等	拓宽了元宇宙的底层保障	为教育元宇宙的版权保护和分发方式提供了延伸
人机交互层	便携式智能眼镜、可佩戴设备、手势交互、声控交互、交互式神经网络等	聚焦于人的感官，通过模拟和对感官的延展提高沉浸感	/
基础设施层	5G、云计算、7nm/14nm 工艺、微机电、图形处理、基础材料等	为教育场景构建提供网络保障 增强模拟和体验感受 有利于对教育实验场景的构建	/

教育元宇宙具有共享和开放的特点，元宇宙中的教育资源是多样化和海量化的。这就意味着，从教育资源的传播到接收，各种形式的内容都以元宇宙中的相关方式进行呈现，并通过不同的平台进行知识共享和传输。而在教育资源的接受方和学习者角度，由于有丰富的教育资源以供选择，学习者可以基于个

人需求进行学习。这种教育方式打破了程式化的单向教育模式，实现了消费的自主性和便利性，是在传统教育的基础上基于不同表达形式的行业链条延伸。

教育元宇宙将不同的教育载体融合为一体，融合了在线课堂、交流互动、实验模拟、资料获取、个性化培养方案等，延伸了信息内容的价值。这种多信息的融合创新了交往方式，使教育内容有了更多元的呈现方式，带来了更广阔的探索平台。

教育元宇宙还将推动传统教育中业务结构的重组，教育的行业链条将根据不同特性延伸。教育元宇宙和传统教育是不同的产品逻辑，相对应的不同产品的行业链条也不同。教育元宇宙中除去传统教育之外，还融合了不同元素，比如和游戏视角的融合带来了娱乐化教育产品，这对应的是相关产品行业链条的延伸；教育元宇宙带来了不同领域的融合，教育、医疗、文旅、游戏、红色元宇宙等都成了在元宇宙世界中相互渗透的领域。不同领域的共同搭建意味着教育行业在元宇宙视角下的主体延伸和解构重组，也带来了多元化的呈现方式。

教育元宇宙为传统教育的业务拓展提供了新的思路。在技术发展带来的元宇宙趋势下，各种技术推动了传统教育向教育元宇宙转型，不仅重构了时空边界，也延伸了用户的感官体验，这种转向带来了行业链条的业务融合，具有很强的资源整合性、人员和机构间的协同性以及业务之间的互动性。

从领域板块的角度来看，元宇宙教育对场景内容入口、前端设备平台和底层技术支撑等部分进行了创新性发展。底层架构中元宇宙教育结合了区块链、数字藏品、AI、网络运算技术等，而以5G、GPU（图形处理器）、交互技术、物联网为代表的后端基建也是元宇宙教育版图的重要延展。这带来了相关产业的延伸，也意味着元宇宙教育作为一个多学科、多领域融合的社会生态逐渐成熟。元宇宙教育所依托的前端设备平台主要有虚拟主机、拓展现实、智能可穿戴设备、神经设备等设备平台。这些设备平台带来了从上游的设计统筹，到相关适配度的设计研发，再到实际和元宇宙教育结合的相关应用，都促进了元宇宙教育的行业链条延伸，也进一步推动元宇宙教育行业生态的成熟。

产业价值增长

从传统教育到元宇宙教育，除了社会效益之外还带来了产业价值新的增长点，是教育在产业层面拓展的实践思路。

传统教育行业根据公益性质不同，可以分为课内的义务教育、高等教育和以营利为目的的职业教育。由于义务教育的社会性较强，元宇宙对产业增长的促进作用主要以职业教育和素质拓展教育为主。相对于传统教育，元宇宙教育中的产业围绕两条主线展开。主线一是来自虚拟原生带来的数字系统自循环，通过自循环的运作产生虚拟人产业收益。主线二来自现实与虚拟的联动，即虚实共生的存在形态下元宇宙中参与实体产业资本循环或为现实社会服务，从而实现产业价值的增值。

虚拟人产业收益：数字身份为数字消费提供新增长渠道

虚拟经济收益是元宇宙中经济形态的重要一环，在教育行业中体现在数字使用价值、数字交换价值、数字附加价值3个层面。

虚拟身份随着元宇宙概念的提出具有了不同内涵，在元宇宙教育中师生的身份都通过虚拟身份进行展示。数字身份以区块链、分布式账本等底层技术作为基础架构，通过数据的搭建为数字身份在元宇宙中的互联互通提供便利，也为保护用户的数字隐私提供支持。这为元宇宙教育形成稳定的生存方式提供了重要支撑。

元宇宙教育依托于虚拟场景的构建，在场景构建中，个体在元宇宙中的生存也相应地进行了改变。虚拟形象的建立、虚拟场景中的工具等数字消费，虚拟讲座、数字会议等社交互动，都是通过数字货币来进行的经济交易。在教育元宇宙中具有相当一部分虚拟经济提供的经济增长空间。与游戏产业类似，教育元宇宙的引用也将带来非同质化的改造，而这也为教育行业提供了新的经济增长点。

除了数字交换价值外，数字附加价值创造也是教育元宇宙中的重要经济增长点。元宇宙中的附加价值是指由于创意创造驱动所产生的异质性价值，其来源于内容、定制、情感等产生的附加溢价。在教育元宇宙中，用户以虚拟人的身份进入元宇宙，在具有现实感的场景中进行对内容的学习和交流，为用户提供情感表达和参与到经济活动生产的空间。这为经济在教育元宇宙的进一步流通提供循环基础。在教育元宇宙的课堂构建和流通过程中，用户可以提供知识传播的新场景。创意方和版权所有者在完成教育产品所有权转移的同时，还可以实现流量、传播力的交易，这为新的细分市场的诞生提供可能，也让更多基于传播的附加价值产生。

真实经济收益：真实虚拟资产双向流通创造经济体系

教育元宇宙的真实经济收益来自线上与线下的互动，通过实体产业或教育资源提供方的入场，将教育内容复刻建立在元宇宙世界中。其优越的现场感与互动性加快产业发展，从而形成经济发展与元宇宙发展的正向循环。依托于区块链技术，教育元宇宙为数字版权的保护提供了一种更加完善的方式，从而保证版权所有者在元宇宙中的数字权益。而通过课程在元宇宙中的呈现，推广范围扩大、用户学习的效果也得到了增强，还能够进一步弥补传统教育中的不足，平衡社会效益和经济效益之间的关系。教育元宇宙是线下教育的补充，提供了多元化的技术形式，具有较高的经济发展空间和构建空间。

在教育元宇宙中，创作者经济也是重要的经济行业链条，依托于元宇宙的非物质性和非能源性。从教育元宇宙中的教育内容生产者和教育场景构建者角度来看，元宇宙中的价值增值先后经历了内容到确权到平台到流通再到变现等几大流程，虚拟与现实的联动变现为教育内容产出者提供了更多元的选择，也为经济产业的完善提供了解决思路。

目前元宇宙教育对传统教育行业的延展中，虚拟和现实间的双向流通体现在高货币流通速度的转变和经济生产的总体量提高两方面。

在元宇宙中，货币流通速度较高，带来的是经济效率的提升和经济价值的增长，这为教育行业提供了经济增长的机遇。

另外，从元宇宙中数字产品到经由消费产生的数字资产，当数字资产和现实中的双向兑换达到一定规模，意味着相关企业巨头的入局和经济生产的总体量大大提高。随着教育行业巨头的嵌入和推进，教育元宇宙中教育内容的创造和购买不再受限于地理世界中的生产法则，人类经济体的总体量值得以扩大。

时空界限打破

元宇宙在教育行业的应用在一定程度上打破了传统教育模式的时空界限。

通过提供跨虚实和跨生死的生存空间的建构和模拟，教育元宇宙打破了传统教育模式中对于空间的具体限制；通过脑机接口、虚拟现实等技术对人体感官体验的再建构，教育元宇宙使得人体感官体验得到了拓展和延伸，打破了空间界限；元宇宙教育中对视角的转变和虚拟人间视角维度的转变，打破了传统教育模式中第一视角的限制，使视角维度进一步拓展；思想在教育元宇宙的尝试和场景重构打破了传统教育行业中硬件条件的限制，使思维层面的探索打破时空藩篱，得到了各方面的时空拓展。如图 1-6 所示，学习者在元宇宙中的学习体验可以跨越朝代，甚至遨游在太空，最大限度地突破了时空限制。

图 1-6　突破时空界限的教育元宇宙

元宇宙将实现时间和空间智能化发展，这也是教育元宇宙对于时空重塑的体现。而时空拓展性作为元宇宙的重要特征之一，在传统教育到教育元宇宙的转变中也同样适用。

传统教育是基于线下的强连接关系或基于线上的单向连接

关系而构建的，对于时间和空间依赖程度较高。从时间角度来说，传统教育需要老师和学生共同在同一时间进行教与学，对于时间要求较高，时间弹性较差。线下的面授教育将教师和学生构建了一个时间场域，在一定的时间范围内开展教育活动。线上的直播也是以时间依赖为主，需要在同一时间内学生主动进入课堂连接，从而开展教育。

从空间角度来看，传统教育对于空间的依赖性是逐渐变迁的。在线教育兴起之前，传统教育行业对空间的依赖程度较高，需要将老师和学生集中到一个共同的地点，进行面对面授课。这对于老师和学生的要求较高，常常因突发事件而产生困难。教育环境的好坏同样会影响教学质量，因经济发展不同，各地域间的教育环境不同，导致学习质量和教育效果上的差距。同一地理场域带来的结果，是较高的互动性和较好的学习质量，同一空间内受教育群体会形成正向的群体感染，由此构建出良好的学习氛围。

随着在线教育的发展，尽管摆脱了地理上的空间场域的限制，但由师生共同构建的网络空间仍构成一个共同在场的环境。空间依赖性的下降带来的是教学质量的不确定性，折损了同一空间下的互动性和环境氛围的带动性，对于自控力不好的学生折损了教学质量，对学生要求较高。这样难以形成持续性的教育方案，只能作为学科培训、职业培训等校外学习的补充。

无论是基于同一地域的线下传统教育，还是尝试摆脱对时空依赖性的线上教育，都具有一定短板。线下教育对于时间和地理空间的强依赖性使其时间弹性和空间弹性较低，容易受到多种因素的干扰。

在线下教育模式逐步向线上转型中，由于其技术水平发展的有限性和呈现方式的有限性，线上课堂授课方式的效果仍有待观望，并不能完全承担起线下教育失调时期教育的重担。虽在表面上摆脱了时空的桎梏，实则又在线上构建了共同在场的具身化场域，因此并未摆脱对时空的依赖。

相对于传统教育行业，元宇宙具有的时空拓展性为教育元宇宙提供了打破传统教育行业时空界限的契机。

教育元宇宙的时空拓展性同样体现在时间拓展性和空间拓展性。元宇宙基于算法等数据构建的场景为时间提供可回溯的可能。用户可以通过空间构建跨越过去、现在和未来，在时间长河中蔓延。其虚拟场景的构建能力摆脱了传统教育行业中对共同在场时间的依赖，通过三维化场景模拟与再建，元宇宙为教育提供了感受时间的机会，淡化了时间的隔阂，为用户构建了一个个不同历程的实践体验。

元宇宙中的时间分为两种，一种是有时序流动的时间，相当于设计者开发内置的系统读秒器。在教育行业的应用中，这种时间为教师和学生间的面对面教学和互动提供可能。时序的流动时间也可以为学生制定可视化的教育量表，从而评估学生在一定时间内的学习效果。另一种是存在跳转甚至逆转的元宇宙时间，这是用于体验者心理感受时间。而教育元宇宙带来的对事件的重构能力不可忽视，通过对部分场景的模拟与再造，元宇宙为教育提供机会，使用户在虚拟场景中感受到不同时间的存在。通过对时间概念的弱化，带来不同的接入体验，从而呈现重启性、断层性、非线性特征。多元的教育元宇宙为不同程度的教育提供可能。相比于传统教育行业中对时间的要求，元宇宙提供了多元时间视角。如图 1-7 所示，在元宇宙中不仅可以看到有序的时空流动，也可以看到不同时序下的时空流变。

图 1-7　元宇宙的多元时间视角

相对于传统教育行业对于地理空间或线上空间的依赖，教育元宇宙提供了一种更多维的视角以重构空间关系。在教育元宇宙世界中，空间是多元的、多形态的。根据与现实世界中的对立情况可以分为静态空间与动态空间。对于空间的拓展赋予了元宇宙重构时空关系的可能。在从传统教育到元宇宙教育的转变中，通过对场景空间的再造与重现，元宇宙通过还原课堂场景等方式摆脱线下教育对地域场所的强依赖性。将虚拟现实等方式作为呈现入口，将各课堂主体构建虚拟在场。通过对各感官的模拟，再现课堂中带来的感觉。构建了瞬间传送、超现实空间、幽闭空间、广场空间等不同形态，提供充分的交流学习平台，降低对现实空间的强依赖性。

从传统教育到元宇宙教育，虚拟化生存和人机融合逐渐打破时空界限，而底层架构的支持和技术的进步推进着元宇宙这个自由空间的产生。

教育开放增强

从传统教育行业到元宇宙教育，是对教育开放性的延展。元宇宙为教育提供了缩小教育差距和促进教育公平的机遇和场所，也为开放学习型社会的构建提供了支撑。在教育的过程中，同时需要考虑教育公平和分配公平的可实现路径，教育资源配置是指各种教育资源和分配方式的总和，教育资源配置的目标是充分利用资源实现最大的教育效果。在教育资源的配置中，效率和公平是重要的两大模块。资源配置的效率决定是否能够使教育资源得到最大化的分配，公平则保证了教育分配不产生较大的倾斜，也保证了学生受教育权利的平等。

传统教育业中，教育水平受区域差距的影响差别较大，不同的经济发展状况和教育所占比例在一定程度上决定了教育的投入，这使硬件设备、师资力量等方面差距较大。目前实现教育公平主要需要有两个可操作部分，一方面是区域间和区域内配置均衡性的问题，另一方面是不同群体间的受教育程度和方式问题。

教育开放和教育公平是有关民生的大问题，传统教育为促进教育公平做了多种尝试。区域间和区域内资源配置不均体现在不同城乡地区教育差异较大，同一地区的教育资源也存在配置错位情况。教育业与经济发展联系较为紧密，由于城乡地区经济发展不均衡，经济发展较为缓慢的地区教育资源存在不足。具体体现在硬件设施的不到位和教师数量及质量上的不足，这影响了教育质量，从而影响教育公平。而在同一地区也存在着资源配置错位的现象，造成了不同学校分三六九等，资源教育集中，从而形成了行业中的马太效应，即强者恒强、弱者恒弱，造成资源过度集中化下的浪费和失衡。这有损于教育公平性原则，推行教育公平刻不容缓。

传统教育业中，教育差异主要体现在两个方面——教育开放性较低和教育差距较大。

由于传统教育行业对时空的依赖性较强，开放程度和可复制性较低，因此教育公平难以实现。传统教育中的教师资源成为影响教育效果的重要因素，而教师的讲课方式、内容的呈现手段，都具有难以复制的特点。

教育水平受区域影响，差别较大。由于经济发展阶段的不同，在硬件设备、师资力量等方面，不同区域之间有着较大差距，因此教育公平一直是目标。目前教育公平实现需要两个可操作部分，一部分是区域间和区域内配置均衡性的问题，另一部分是不同群体间的受教育程度和方式问题。

美国著名教育学家、社会学家杜威提出"教育即生活，学校即社会"的理论来论证教育和社会的关系。但在传统教育行业中，由于现实空间的场域将学校和社会隔离开，学校和社会之间存在着割裂。这种割裂通常会在学生进入社会时得以体现。在刚踏入社会的一段时间内，学生的身份转变会经历相当长的适应期。由于环境的割裂，象牙塔般的学校为学生提供了单纯的学习空间，这导致学生与社会脱节。

在从传统教育向元宇宙教育的延伸中，这种现实中的"围墙"逐渐消失，用户在元宇宙构建的世界中能够"触摸"到真实的社会。学校和社会的边界消失，带来了社会向知识型社会的转变，也为学生们扩大了眼界，提供了解社会、参与社会运转的机会，从而使教育与职场得到无缝衔接，促进知识的转化和实践，为学生的全面发展提供可能。

社会倡导学习型社会已久，元宇宙也为社会提供了转化方式，由于元宇宙的开放性，终身学习的愿景将得以实现。教育元宇宙中学习者的身份也不仅是学生学习，其多样化的学习内容和有创造性的呈现方式也为不同人群提供了学习空间，针对不同人群的开放性逐渐增加。这种教育开放性有利于学习型社会的生成，也利于满足各阶段学习需要，从而真正地实现终身学习的目标构想。

从传统教育到元宇宙教育，虚拟场景的自由性为用户提供了更丰富的选择模式，为用户知识学习和能力发展的融合提供了更深层次的场域。不同于传统教育中学习和实践的分置，元宇宙教育中将学习场景融入实践，通过对模拟操作场景的构建，元宇宙教育中，用户能够更好地将知识学习和能力发展融合衔接，打通了知识学习和能力提升的过程链条，更快地促进用户全面发展，寓教于乐。

传统教育模式相对于学生的主动性学习，更侧重于从知识的拥有者到接收者之间的传递过程，这个单向的过程带来的是较低的学习主动性和教育开放性。学生的主动学习行为未能得到强化，不利于形成一种长久的、持续的学习模式。

从传统教育延展到元宇宙教育，教育的模式进行了创新和转变。从以往教育模式中的"教学"转化为"学习"，元宇宙教育更强调主动性的知识获取，学生们得到更多的机会参与到开放性的学习中来。通过不同历史时间中虚拟场景的构建，在兴趣激发下的学生可以自主地选择想要学习的板块和进入的场域，具有更高的自主性。这种自发式的学习将会促进学生优秀学习习惯的产生，从而在之后的培养中有利于培养更优秀的人才。

元宇宙中为不同学生量身定制的个性化教育方案有助于推动教育公平建设。元宇宙中的内容涉及范围更广，也能够对某一具体内容进行深度挖掘，因此能够为不同学生的个性化学习提供选择。依据学习兴趣的不同，学习者能够在元宇宙中选取天文、物理、地理、历史等不同内容进行学习，根据自己的学习需求制定相应的学习目标。教育元宇宙的工具性使用为分众化的个性学习提供支持，进一步加强了教育开放性。

元宇宙教育对教育开放性的推动作用也体现在元宇宙教育对传统教育资源的延伸中。传统教育体制下，教育资源主要依托于程式化教材和老师对于相关理论内容的延伸，从内容的来源来看较为单一，并且更新速度较慢。内容相对而言比较集中，权威性较强。元宇宙教育将囊括海量的教育资源，支持用户共建共享，这对教育资源多样化转化具有较大好处。教育元宇宙的开放属性和共享性为不同年龄段、不同学科背景的内容生产者提供了内容生产的空间，从而拓宽元宇宙教育资源的知识面，也加深了知识的深度。教育资源的提供者由单一的教师转变为多角色的协同，也有助于实现教育资源的共享。尽管来源的多样性会有损于教育资源的权威性和准确性，但元宇宙中的区块链技术为溯源和审核提供了便利，因此能够进一步提升教育开放程度。

元宇宙教育为教育资源配置提供了优化方案。其开放的准入平台为不同地区的师生提供了缩小教育差距的渠道。泛在互联的环境提供了一种新型连接方式，多元化的教育资源共享让学生们有机会共享优质教育资源。智能开放环境则提供了不同区域和不同类型学生的交流平台，前沿的信息获取将进一步缩小学生间差异，有利于打破城乡壁垒。

元宇宙的延伸也为特殊群体的生存提供了支持。通过虚拟人分身的塑造，特殊群体在元宇宙中不用再在意他人眼光，多模态的感官体验也延伸了特殊群体的生存感知。教育元宇宙中可以使不同群体的个性化需求得到满足，从而创造更有包容性和人文温度的教育学习平台，实现不同学生的共同成长。可以期待的是，当元宇宙的基础设备得到普及，用户入场得到保证的条件下，教育资源的分配将形成更加公平的局面，从而促进形成一个交流无障碍、人人无差别的公平感知社会。

第二章

教育元宇宙发展现状

你看向自己的手掌，试图弯曲手指。那与你现实中的手并不同，或许是颜色白了些，又或许这是一双不是你年龄段的手。但是你仍能感觉到它带来的触感。

你走入教育元宇宙的展厅，在这里你看到琳琅满目的光点。每个光点中记录了一段真实的历史，如同百科全书一般，你可以置身其中感受每一个时代的发展。

你点进那本写着"2022年"的书籍，淌动的流光在你眼前浮动，携来一幅幅画面。从虚拟现实场域的构建，到人工智能的推动进展，再到去中心化结构的构想等，都为如今的沉浸生态注入了生命……

元宇宙被看作是互联网的下一场变革，它拥有社交属性强，系统稳定，创造环境开放以及沉浸式新场景等重要特征。可以预见的是，各行业与元宇宙的融合是一种必然趋势，从现状来看，各行业逐渐以梯队形式入局元宇宙，搭建元宇宙行业新逻辑。

如图2-1所示，元宇宙具有充足的潜力和空间为教育发展提供新的土壤，使全息的教育生态能够在元宇宙中建立，教育行业是向元宇宙转型的先行者。

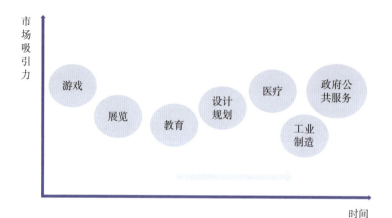

图 2-1　元宇宙的梯次产业变革

第一节　教育业元宇宙发展现状

2022 年，元宇宙的技术应用将进入快速探索期，行业伦理、底层技术、商业逻辑逐渐开始建立，各个行业都踏入"元宇宙+"的时代进程中，全行业将迎来一波新的技术革命，尤其是以互联网为代表的高技术企业，即将面临千载难逢的战略发展机遇。

当前国内外诸多互联网企业布局元宇宙，想要先人一步占领元宇宙高地，国外以脸书（Facebook）改名元宇宙（Meta）

为例，国内以字节跳动收购皮可（PICO）布局元宇宙产业为
例。如表 2-1 所示，当前主要元宇宙企业包括国外的罗布乐思
（ROBLOX）、Meta、EPIC、微软，国内的腾讯和字节跳动。

表 2-1　国内外主要元宇宙企业开发倾向

企业	元宇宙开发倾向
ROBLOX	UGC（用户原创内容）生态以及社交系统和MMO（大型名人在线游戏）游戏
Meta	拓展现实、社交系统及 UGC 生态
EPIC	图像引擎及 MMO 游戏
微软	拓展现实、社交系统、MMO 游戏
腾讯	社交系统、UGC 生态
字节跳动	社交系统、UGC 生态、拓展现实

当前教育业和元宇宙的结合尚且处于转向初期，主要是依
托于 XR 和 AI 等技术作为技术基础，构建未来元宇宙教育的空
间模型，搭建通往元宇宙的入口。已有一些企业对教育元宇
宙进行了初步的尝试和搭建，教育元宇宙的生态图景在逐步
展开。

虚拟现实场域

教育行业入局元宇宙，AR 和 VR 成为必不可少的接口。

VR 是为了创造一个新的虚拟世界，AR 是为了扩展或者增

强我们所在的现实世界。前者重点是虚拟，后者着眼于与现实交互。

目前扩展现实技术与大数据、人工智能、云计算一样，被广泛应用于各个行业领域。VR 和 AR 技术由于其能够打破现实与虚拟的界限的特性，在元宇宙概念大爆发之际，成了教育行业通往元宇宙的基础入口。

当前，虚拟现实技术成为连接元宇宙的重要入口。如表 2-2 所示，近几年在教育业中，以 VR、AR 等虚拟现实技术为主的虚拟现实技术也得以广泛地在教学中应用。

表 2-2　虚拟现实技术项目实例

项目方	项目	目的
美国：ROBLOX	创建了一项 1000 万美元的资金项目专用于打造 3D 多人互动式教学空间	主要用来进军大学在线教育，也覆盖到职业教育相关的在线学习领域
韩国：首尔市政厅	为了应对新冠疫情，开始面向中小学范围内的学生开展虚拟科学课程	虚拟课程主要以 VR 和 AR 等虚拟现实技术为基础进行构建。让学生能够超越空间限制进行学习
美国：加州大学伯克利分校（University of California, Berkeley）中国：中国传媒大学动画与数字艺术学院	在游戏《我的世界》（Minecraft）中完成了一场虚拟的毕业典礼	为应对新冠疫情，让学生超越空间距离参与毕业典礼

（续表）

项目方	项目	目的
美国：莫尔豪斯学院（Morehouse College）	开设 VR 校园，提供线上 VR 课程	基于设备打造完全身临其境的 VR 体验。借助于高通的支持，学生可以通过欧酷斯任务 2（Oculus Quest 2）设备，对沉浸式数字化的 VR 课程进行访问和学习

作为从游戏企业向元宇宙教育尝试转型的先进代表，ROBLOX 大力投资于虚拟现实教学空间的发展，创建了一项 1000 万美元的资金项目，专用于打造 3D 多人互动式教学空间，该项目主要用来进军大学在线教育，也覆盖到职业教育相关的在线学习领域。

韩国对虚拟现实技术也十分重视，韩国致力于投资虚拟现实领域。此前，首尔市政厅为了应对新冠疫情，开始面向中小学范围内的学生开展虚拟科学课程，这些虚拟课程主要以 VR 和 AR 等虚拟现实技术为基础进行构建。在首尔举行的虚拟科学展览馆中，2000 余名学生建构数字虚拟身份，用以参加各种科学活动，通过"在场"的数字身份互动式地探索建构出来的虚拟世界。

2020 年，加州大学伯克利分校由于疫情原因，在游戏《我的世界》中重现了学校 100 多栋建筑物，完成了一场虚拟的毕业典礼，这是第一场在元宇宙中举办的大学毕业典礼。同年，如图 2-2 所示，中国传媒大学动画与数字艺术学院也在《我的世界》中完成了一场虚拟线上毕业典礼，满足了因为疫情无法参加毕业典礼的学生的遗憾，中国传媒大学以 1：1 的比例对学校场景进行复刻，学生以虚拟形象在游戏中参与毕业典礼，完成这一场独特又有意义的毕业仪式。在这场毕业典礼中，每个面临毕业的学生都可以在游戏建构的虚拟空间中设置专属于自己的虚拟角色，通过这个虚拟数字角色可以实现与老师和同学们的交流与互动。

图 2-2 中国传媒大学 VR 校园图景

2021 年 3 月，美国莫尔豪斯学院在高通的赞助下，正式宣布开设 VR 校园，可以提供线上 VR 课程，这些 VR 课程与在视频会议或者网课软件等应用程序上所开展的线上课程不同，莫尔豪斯学院是基于设备打造完全身临其境的 VR 体验。借助于高通的支持，莫尔豪斯学院的学生可以通过高通平台所支持的 Oculus Quest 2 设备，对沉浸式数字化的 VR 课程进行访问和学习。

与真正的校园学习生活不同的是，在 VR 校园中，学生能够在实际空间位置没有变动的情况下，体会到独特的数字学习体验，也能感受到现实空间与虚拟空间双重空间的学习生存独特体验。

案例：

设想这样一幅场景：在现实空间中，你与伙伴坐在课堂中，佩戴着 VR 头显设备，老师在课堂上讲解原子的结构。

在你与伙伴的视野前，漂浮着立体式的原子，你能够自由触碰，原子随着你的触碰旋转组合，如图 2-3 所示。

这样一想，是不是觉得学习化学也并不是那么枯燥了。

图 2-3　佩戴 VR 头显设备学习化学

与书本教育相比，人们对经历过的事件和知识的记忆力会更加深刻，当前实验证明，使用 VR 设备将有机会大幅提升使用者的学习效果。另外，虚拟现实作为一种计算研究认识世界的新方法，推动了现代教育模式的转型发展。可以预见到随着科学技术的进一步发展，虚拟现实技术进一步赋权教育，元宇宙虚拟教育场域将有更多的可能性。

此外，互动化还能带来资源的扩展，能够允许你操作原本昂贵的器材，如果你是医学生，你可以不在现实生活中，就能够接触到一场惊心动魄的手术。

在产业层面，我国虚拟现实产业的发展产生于中小企业，但是其发展态势不落后于世界，在政策层面，我国对于 VR 产业一直处于支持扶持的态度，这也为教育与元宇宙的结合创造了极为肥沃的土壤。元宇宙会为一直落后于科技进展的教育业带来一场迫在眉睫的变革，为各个年龄段的学子提供更为行之有效的学习方式。在政策的助力以及资本的注入下，元宇宙教育将产生庞大的市场。

在中国，目前将虚拟现实技术引入教育领域已经是一项普遍的政策，通过在教学中植入 VR 技术，能够提供全景式的体验课堂，带来沉浸式的教学互动，立体化的接收体验。除了学科学习，很多人认为 VR 等虚拟设备的出现能够在一定程度上突破资源和时空的局限性，将虚拟设备用于实操性强的课程，在现有教育的基础上加深学生对于学科或者该学习项目的认知。这也是 VR 搭建起教育通向元宇宙的一个重要渠道。

以江西省南昌市为例：南昌目前正在大力打造全国 VR 教育应用示范基地，致力于创建领先于行业水准的实训室和体检中心，通过加强教育资源库以及 VR 实验室的建设力度，推进沉浸式的教育模式进一步适用于日常教学，从而在教学中实现进一步推广应用。

可以预见的是，在前期，这种虚拟现实教学有着巨大的优势，也能带来更多的红利和可能性，然而在发展后期，科学技术的不断发展将会使各行业以及教育业的各个机构在硬件设施上逐渐趋同，这样内容的交互与人的交互将会构成差异化的竞争，这将是教育业与元宇宙结合发展的必然路径。

人工智能模拟

教育进一步与人工智能、大数据相结合，呈现出元宇宙教育的另一个特性，即根据人工智能计算构造虚拟教师、虚拟教室，进一步实现个性化教学。

元宇宙生态下，老师的发挥有了更多的可能性，可以采用传统的书写或者屏幕展现方式，也可以根据教学内容智能设置教学场景。元宇宙架构下教学资源进一步扩展，丰富的知识内容很容易获得，教学者可以在短暂的时间内向学生展示地球变化的过程、化学分子的结构，甚至可以穿越时光，和李白举杯高歌。

人工智能技术的发展进化，使得当前教育模式的两大困境有了突破的可能性。首先，我们的学校目前仍在使用自工业时代建立起来的教学方式，即"一刀切"。这种模式的弊端已经显现，但是由于教学资源的匮乏，难以得到妥善的解决，在元宇宙中，老师能进一步了解自己的学生，拒绝在 K-12 教育阶段的"一刀切"模式。教育结构上，以优秀的老师为模型，可以将老师人工智能化和人性化相结合，让老师更好地贴合学生特性，人工智能化也能更大限度地避免教育误差的出现。

另一个至关重要的教育问题是贫困，在元宇宙中能够进一步地实现教学资源的平等。另外，也能够解决教学团队人才短缺的一大困境。教学组织机构通过训练各种款式的虚拟数字老师，能够匹配不同类型学生的需求。

案例：

想象一下，你玩过的网页游戏的场景，如果你是一个新手，需要找到各种 NPC（非玩家角色）来完成任务、熟悉场景。那么在虚拟空间中，如果你是一个跟不上课程进度的学生，当你进入虚拟校园之中，你也可以找到虚拟老师，他们类似 NPC 却又更加智能，根据你与他的交互，他能够分析出你的需求，定制化地为你创造内容，比如你有某篇英语文章没读懂，他能够与你进行英语对话并给你解释翻译，如图 2-4 所示。有这样的定制化老师你还担心课程内容学不会、跟不上吗？

此外，对学生的评价体系也得到进一步的发展，基于区块

图 2-4 定制化老师与学生的互动

链的通证技术，在学习方面，老师或者学习系统会将学生平时的作业、考试、关键行为等评分上链，形成更全面的学分记录和激励闭环，可以动态优化学生的学习和行为指导。在行为方面，学生的行为将处于更加全方位的监控之下，对于学生的不良行为，能够实现即时反馈，从而及时进行正确引导。

另外，每个学生还可以根据自己实际的学习能力和兴趣爱好，自由自主地决定每门功课的学习进度，每个人可以规划自己的学习节奏。学历学分制将与学生的年龄脱钩，只要积满对应学历的学分并且考核过关，都能够授予对应的学历，这也是对应个性化学习进度的制度性配套政策。

去中心化结构

元宇宙的概念离不开去中心化，在传统的教育体系中，中心化是极为重要的模式。教师中心模式强调教师在教育中所占的主导地位以及教学活动的目的性，学生中心模式则强调学生在教学活动中的自主性以及个性化发展。去中心化趋势下带来的是去权威化，教师作为传统课堂上权威知识的输出者，在教育模式结构变化过程中，其主导性和权威性有所弱化。随着教育资源的传播呈现出多元化的特征，这种对权威的解构越发明显。在元宇宙中，知识的传授也呈现了多元化的趋势，并且凸显了信息来源多元立体化的特征。这种结构带来几点优势：

第一，解构权威，重新定义价值。传统教育模式中，教师作为内容资源的传播者，占据着传统的教学权威位置，元宇宙教育的发展能够让这种权威被进一步解构，价值传播不再是单一的教师价值传播，这也就避免了学生培养的价值观单一问题。在元宇宙中，学生学习内容来源得到进一步延展，从环境到社交，打破传统社交范围牢笼和知识结构框架，能够使学生的价值观呈现更加多元化的发展方向。如图 2-5 所示，教育元宇宙对学生的培养更加注重学生的体验感和参与感。

这也与当前我国教育理念更加契合，也就是学生阶段除了知识的培养外，价值观的养成是很重要的部分，学生不能仅唯分数论，更应该重视综合素质和知识的系统发展。从更广泛的意义上来说，年轻人的价值观转向将会为此后的世界带来不可预知但是可以期待的变革，很大程度上，学生价值维度的丰富能够影响世界的多元性创造和发展，传统意义上的价值将被进

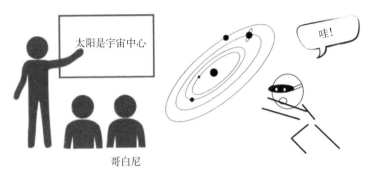

图 2-5　教育元宇宙的学生培养示例

一步解构，世界价值色彩和结构框架将进一步得到丰富发展。

　　第二，减少错误，内容更加精确。误差在教学中是避免不了的一部分，一方面传授者和接受者之间存在着传播误差，另一方面，不同个体之间的信息交流存在着接收偏差。此外，由于不同空间、不同时间、不同教师的教学差别，知识的准确性只是相对的。在元宇宙中，教师能够进一步减少教学的误差，从而使学习者从教师端接触到的知识结构和知识内容更趋同为统一和精准，这很大程度上能够减少传播误差，避免传授者与接受者之间的信息产生接受损耗，也能够减少人们交流时的沟通成本。

　　另外，学生信息来源的进一步扩展，让学生能够实现自由化学习，也能够实现从环境中学习，这种直接体验接触式的学习使得学生对信息的理解更加深刻，这种体验相较书本式的学习，少了教师的内容过滤，体验更为丰富、复杂、个性化，但是却都会更加趋于精准，便于学生接收理解和深层地体会感悟。

第三，资源拓展，减缓教师怠倦。传统教育中教师承担的角色过多，内容的重复和教育成果以及教育过程中的压力很容易使得教师陷入疲惫怠倦之中。元宇宙教育能够改善教师的教育环境压力，教师能够以更积极的态度面对教学任务，也能避免于琐事上因耗费太多精力导致教学质量下降。

同时，老师的教学内容展现形式的新颖性和无限可能性，让教学环境也得到了进一步的优化，这些都能够使老师减轻倦怠。教学之外，教师还能够得到更多的发展可能性，教师可以将研究与教学深度结合起来，在特定领域深入学习和钻研并同时赋予教育更多的内容，从而实现两方面的协同进步发展。

第四，强调平等，增强互动特征。元宇宙的去中心化能够带来的平等是两个部分，一是人际关系的平等，二是教学资源的平等。

老师与学生、老师与家长、家长与家长、学生与家长以及学生与学生之间，都能够重构平等关系，避免很多现实生活中存在的师生矛盾、老师与家长的矛盾等，对于教学领域来说，能够更好地节约精力成本，实现学习成效。

教学资源层面的平等代表着学生有可能跨越地域，实现更为公平的资源分配，这种分配包括设备、师资等。当前总体来看，元宇宙教育的相关发展还处于基础接口入门阶段，技术还有很大的发展空间。这需要有一批平台型技术企业的崛起，提供从引擎到编辑器，到分类库，再到服务的系列解决方案，将局部内容仿真化、互动化、游戏化的设计制作门槛降到相当的容易程度。未来，出现教育元宇宙学校是很有可能的。

第二节　元宇宙＋教育格局分析

教育的发展与新技术变革联系紧密，目前已经有不少教育组织和机构出台相关政策，以推动元宇宙教育应用的落地发展。2021年12月14日，由中国教育三十人论坛、中译出版社和中关村互联网教育创新中心联合发起成立了全球首家元宇宙教育实验室，在2022年着力于建设元宇宙教育行业研究型智库、元宇宙教育基地、开设元宇宙大师课程以及编辑出版相关书籍。

产业的发展应当立足于国家的政策法规，因此需要首先关注国家教育行业政策环境，同时关注教育行业的供求关系，基于供给端与需求端进行相应的产业布局与发展规划。

当前国内教育行业的环境分析

国家政策对于教育环境的变革起到关键性的指导作用。2018年教育部基础教育质量监测中心发布的《中国义务教育质量监测报告》显示，当前我国中小学生课外写家庭作业的时间过长，三成以上的学生感觉学习压力较大，学生参加学科类课外辅导的比例较高。为落实立德树人的根本任务，解决"培养什么人、如何培养人、为谁培养人"这一根本问题，扭转"唯分数，唯升学"这样的短视的教育观，为学生减负势在必行。

2021年7月，我国发布实施《关于进一步减轻义务教育阶段学生作业负担和校外培训负担的意见》，简称为"双减"政策，全国1.56亿义务教育在校学生的教育生活状态发生了明显改变。"双减"政策立足于解决当前中小学课堂课业负担过重、校外培训机构监管不足、社会家庭处于普遍焦虑中等问题。强调发挥学校教育的主阵地作用，深化育人方式改革，全面提高教学质量，培养德智体美劳全面发展的新时代中国特色社会主义接班人。

"双减"政策目的在于增质增效地完成课堂教学任务，从而减少学生的课业负担，另外，需要实现学科知识与综合素质统一发展。但是双减政策下，受制于学校办学资源、人才结构、教育水平，学生的学习需求可能难以得到满足，这就需要充分发挥技术资源的作用，数字资源教育一定程度上能够解决学校办学资源配置的优化问题，但是当前技术的发展还有一定的局限性，元宇宙作为下一代的互联网技术的集大成者，充分发挥元宇宙与教育业的结合，能够为学生的学习提供更大的空间和更好的技术基础，形成新的教育学习结构，让"双减"政策得到更好的落地。

我国教育行业相关政策的调整伴随着时代的发展，体现出了鲜明的时代特征。如以下发布的政策文件：

2019 年 2 月 23 日《中国教育现代化 2035》的目标是：到 2035 年，建成服务全民终身学习的现代教育体系、普及有质量的学前教育、实现优质均衡的义务教育、全面普及高中阶段教育、职业教育服务能力显著提升、高等教育竞争力明显提升、残疾儿童少年享有适合的教育、形成全社会共同参与的教育治理新格局。总体实现教育现代化，迈入教育强国行列，成为学习大国、人力资源强国和人才强国。

2021 年 1 月发布《革命传统进中小学课程教材指南》《中华优秀传统文化进中小学课程教材指南》，旨在全面落实革命传统、中华优秀传统文化教育，指导中小学课程教材系统。"两个指南"对中华优秀传统文化和革命传统进中小学课程教材的基本原则、总体目标、主要内容、载体形式、学段和学科要求等做了统筹设计和科学安排，强调素养导向、系统规划和全科覆盖。

2021 年 1 月发布《关于大力加强中小学线上教育教学资源建设与应用的意见》，分别从加强平台体系建设、高质量开发资源、充分用好平台资源、提高师生应用能力、完善政策保障体系等方面采取举措，并强调通过加强组织领导、狠抓工作落实以及注重典型引领组织实施相关工作。

2021 年 6 月 1 日发布《未成年人学校保护规定》，落实未成年人保护法中关于"学校保护"的规定，系统整合、创新完善了学校未成年人保护制度，分一般保护、专项保护、管理要求和保护机制等章节，全面构建了学校保护制度体系，就社会关注的热点问题建立完善了相应专门制度。

2021年7月24日发布《关于进一步减轻义务教育阶段学生作业负担和校外培训负担的意见》，要坚持以习近平新时代中国特色社会主义思想为指导，全面贯彻党的教育方针，落实立德树人根本任务，坚持学生为本、回应关切、依法治理、标本兼治，政府主导、多方联动，统筹推进、稳步实施，强化学校教育主阵地作用，深化校外培训机构治理，有效缓解家长焦虑情绪，坚决防止侵害群众利益行为，构建教育良好生态，促进学生全面发展、健康成长。

2021年10月12日发布《关于推动现代职业教育高质量发展的意见》提出：到2035年，职业教育整体水平进入世界前列，技能型社会基本建成。

2022年2月8日《教育部2022年工作要点》提出：推进义务教育优质均衡发展。如何破解教育资源不均是横在世界各国面前的一道难题，它不仅关系教育本身，更关系国家和社会的长远发展。

经济环境为产业发展提供动能，也是产业快速发展的助推器，因此经济形势对于教育行业也起到至关重要的作用。自2019年年末以来，对于教育业来说，推动产业线上化、消费线上化、学习线上化更好地规避了疫情带来的产业冲击。线上办公、线上诊疗、在线教育、线上娱乐等网络消费服务在疫情中成为经济发展的重要增长点，新兴制造产业如无人配送、智能制造等也展现出了强大的潜力。教育行业的新出路需要新兴技术的加持，新兴产业的发展也能促进国家经济的恢复增长，此外，这些新兴产业的发展增进了政府和企业对于数字基础设施和数字技术的投入。包括 5G、人工智能、工业互联网等技术，从而可以快速驱动中国产业向着新兴数字经济发展，教育业也能迎来更好更快的发展。

社会大环境如人口数量、文化传统等，也会在不同阶段带来新的需求与供给，为教育行业的整体和区域发展带来新的要求。

人口环境分析

如图 2-6 所示，从地域分布来看，我国当前东部人口占比 39.93%，中部人口占比 25.83%，西部人口占比 27.12%，东北部占比 6.98%。与上一次人口普查相比，东部人口上升 2.15 个百分点，而东北部人口下降 1.2 个百分点。由于地域间经济发展水平不一，东部人口进一步增加，而东北人口流失问题进一步加重，这也影响着教育规模布局和质量的分布，长期的分布不均对教育生态的公平发展产生着进一步的制约。

从城乡发展来看，中国城乡发展不均的现状已经成为制约经济发展的重要因素，经济不均也影响着教育不均、医疗不均、就业不均、投入不均等多种问题，缩小城乡差距是我国国民经济可持续发展的关键问题。如图 2-7 所示，从人口比例来看，

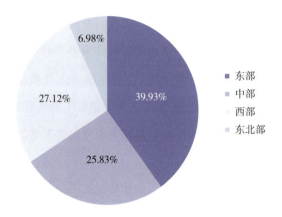

图 2-6　中国人口地域分布（数据来源：第七次人口普查数据）

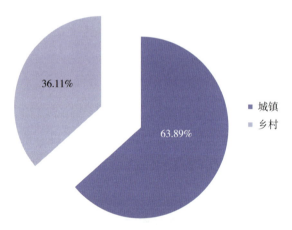

图 2-7　中国人口城乡分布（数据来源：第七次人口普查数据）

当前城镇人口占比为 63.89%，乡村人口占比 36.11%，城镇人口
比重上升，城乡人口数量差距进一步拉大。人口是促进经济的
一大关键，从全面建成小康社会的战略高度出发，城市人口持
续增长将进一步加剧城乡地区发展不平衡的状况。

从性别比例来看，第七次全国人口普查显示，我国总人口性别比（以女性为 100，男性对女性的比例）为 105.07，与 2010 年第六次全国人口普查基本持平。但是需要注意的是，不同省份之间性别比例存在差异，有 9 个省份性别比例在 105~110，远高于国际平均值。根据 2021 年的出生人口数据来看，男性出生人口比女性出生人口多 3362 万人，整体出生性别比例仍不均，男性偏高。近年来，各省市都在加强对人口出生性别比偏高问题的治理，2021 年国务院印发文件强调要大力开展出生人口性别比偏高综合治理，也切实表明多年来的人口比重失衡问题切实地影响制约着社会的长期发展，对于社会的安全稳定运行和中国的可持续性发展都产生着不可忽视的影响。

第七次人口普查报告显示，中国人口流动性进一步增加。全国人口中人户分离人口将近 5 亿，跨省流动人口约为 1.2 亿。近十年流动人口的大幅度增加为城市的服务、建设、消费等方面注入了动力，改变了社会的二元结构。但是人口的流动也会带来一些问题，流动人口的教育卫生医疗问题都需要社会进一步的关注，包括因为生活条件方面的限制，大部分流动人口的受教育程度受到限制，流动人口的整体素质不够高，这一部分人员的继续教育和职业培训都需要进一步加强。

教育环境分析

党的十九大报告强调，我国要普及高中阶段教育，提高国民的整体素质，这就意味着我国将实行十二年的义务教育，是我国教育历史发展阶段的一大突破和飞跃，有利于教育事业的进一步发展。

我国教育发展目前仍然存在资源不均衡、发展不公平，资源利用不充分，教育质量参差不齐等问题。这与中国东西区域发展不均衡、沿海内陆发展不均衡、城市乡村发展不均衡等经济发展不均衡有着不可避免的关系。这种不均衡带来的不仅是现存理念和教育资源分配的不均衡，也是创新概念普及和推广上的不均衡，这种不均衡也将进一步扩大各地区发展上的鸿沟。

创新扩散理论是美国学者 E. M. 罗杰斯（E. M. Rogers）于20 世纪 60 年代提出的理论设想，他认为新事物的扩散在社会系统中存在基本的规律，每一个创新在推广时都有先驱和早期的采用者，当大众开始接受时，新产品的销售量或者传播率到达高峰，实际上，我们发现这一理论也同样适用于元宇宙这一概念的扩散过程。

从元宇宙概念的扩散和区域热度来看，新概念的扩散在中国各地域存在明显的不均衡现象，经济发达地区成了新概念的先驱者和早期采用者，相对经济不发达地区成为新概念的滞后跟进者。图 2-8 体现了元宇宙概念随时间在不同地域的扩散过程。从图中可以看出，以元宇宙作为关键词，对各地区元宇宙概念的热度进行 7 日滑动平均值和 14 日滑动平均值计算，北京成为最先跟进元宇宙概念的城市，广东、上海、浙江、山东、江西等早期跟进，西藏、内蒙古、黑龙江、宁夏以及青海等西北西南偏远地区对于元宇宙概念的跟进较北京晚了 20 余日。

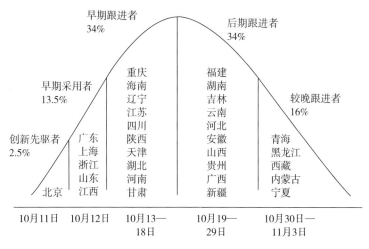

图 2-8　元宇宙概念的扩散

　　优化教育结构，实现教育平等，是中国奋斗已久的目标，也是必须要实现的目标。虽然随着线上教育的普及，一定程度上教育资源分配不均的问题得到了缓冲的机会，但是技术带来的是更深的教育鸿沟，还是缩小的教育差距，人们仍在实践探索。经济发展趋于均衡之后，中国的线下教育将更好地趋于均等。

　　从当前社会的技术发展来看，元宇宙成为热潮，这对于我国教育"走出去"和打造国际教育枢纽有着重要的影响。我国通过虚拟与现实的交互进一步打破国界，打破国际交流的物理边界，我国实现教育对外开放的可操作性进一步增强。基于区域角度分析，元宇宙的发展能够打破教育的区域划分和限制，让国家的教育投入更为集中。

从人口方面来看，元宇宙实现的无边界性的社交和学习生活，让各国学生学习的步调进一步协调，也让外来学生的隔离感消失，不同国家的学生能实现对我们输出的文化更好地吸收。元宇宙建构的虚实共生的社会也能让教育"走出去"实现虚实相融，中国建设的海南国际教育创新岛以"点"状结构实现对留学生的吸引，粤港澳大湾区国际教育示范区以"面"的思路实现创新高等教育发展的示范作用。随着元宇宙教育业的发展和迈入，未来中国教育对外开放可以实现虚实共生、点面共存的架构，全方位建构教育"走出去"的结构脉络，从而实现中国特色的中国教育"走出去"。元宇宙的发展助力国际合作和国际教育结构的"中心—边缘"结构的消融，在未来国际高等教育中，超越国家和民族的概念，让"中国的世界"和"世界的中国"实现更好的融合交汇。

文化环境分析

新世纪以后，世界各国的竞争一方面是信息化的竞争，另一方面是软实力的竞争，文化的发展开始得到各国的重视。中国文化的要素是多元的，一方面，中国文化蕴含着现代工业社会的特征，蕴含着在一个整体大框架下的文化自由；另一方面，中国文化包含着传统社会的文化一致性，有儒家传统道德文化几千年的孕育与熏染，呈现一个中庸的文化精神。

在现代中国的文化发展中，随着市场经济的发展，中国的文化环境打破大一统局面，彰显出文化多元性。

但是与此同时，"天人""和谐"这些传统思想并没有消失殆尽，仍然流传在中国文化的骨子之中，源远流长。中国文化的建设当前有进步的地方，但当前文化建设也存在着失衡的方面。首先，我国的文化失衡体现在传统文化和乡土文化的衰落；其次，体现在大众文化的泛滥；最后，体现在地域文化的消亡。

优秀传统文化和乡土文化衰落。中国传统文化和中国乡土文化是中国文化中独特并牢不可剥的一部分。中国政府对中国优秀传统文化教育也非常重视，在中国历史文化教育建设的过程中，中华优秀传统文化的发展面临着西方冲击、创新能力匮乏、教育缺失等情况。

首先是优秀传统文化的建设与问题。一方面，在文化内容上，学生对于传统文化的认知不全。从基础教育阶段开始，中国学校就缺失对中国传统文化的教育，高校教育中即使有相关课程开设，但教学成果却不大理想，学生认知也是参差不齐。另一方面，在情感认同上，由于缺少从小培养的文化熏染，当代青年更多接收西方文化的冲击。互联网进一步推动了这种文化冲击，让世界文化的输入更加便利。西方文化入侵的大背景为我国文化自信的建设提出了更高的要求。

在文化多元性的视角之下，人类学家尤金妮亚·基辛（Eugenia Kissin）认为："文化的歧异多端是一项极其重要的人类资源，一旦去除了文化间的差异，出现了一个一致的世界文化，可能会剥夺人类一切智慧与理想的源泉以及充满分歧和选择的各种可能性。"

乡村文化的发展和教育剥离出教育体系，教育呈现统一城市化的发展难以真正实现教育的多元化和价值的多元化。另外，乡土文化是中华数千年来文化的根脉，是传统文化的一部分，整体意义上，乡土文化对于中国文化认同和归属感的建设是不可或缺的，是城市难以替代的文化内蕴。中国的文化是多元包容的，城市文化是近些年随着技术、思想以及市场经济的发展形成建构的，充满着中西融合性的气息，而中国的乡土文化则是中国从农业时代开始传承继承的，建设新时代青年的文化认同，还是需要从顶层设计和培养目标层面突出教育内容的多元性，尤其是乡村教育，要摆脱"向城性"的发展，依托乡村独有的自然文化环境，重视乡土文化的文化自信，加强文化认同。

中国文化走出去。信息化时代带来全球政治经济格局变革，也带来了文化传播格局的变革。从党的十八大以来，党和国家十分重视国内的文化环境建设和对外的中国文化传播，党的十九大报告更是将文化软实力升级到新的国家战略层面。党的二十大报告提出要"增强中华文明的传播影响力""深化文明交流互鉴，推动中华文化更好地走向世界"。推动中国文化对外传播，增强中国文化的传播力、影响力和感染力，是中国走向世界的关键一步，也是进一步增强国人文化自信的重要途径。

　　如表 2-3 所示，随着技术的发展，文化的对外传播以虚实融合的方式进行，其中中国文化对外传播的实体形态整体呈现出较为丰富的特点。中国文化对外传播的实体形态以教育的形式出现，从最直观的机构设施角度来讲，中国文化传播最成功且有效的案例是海外孔子学院的建设。

表 2-3　中华文化对外传播案例

案例		具体情况
海外孔子学院建设		截至 2020 年 12 月，全球已有 154 个国家和地区开办了 548 所孔子学院和 1193 个中小学孔子课堂，目前仍有 70 多个国家和 200 多所大学正在积极申办孔子学院
博物馆展览	故宫博物院	在疫情期间发布《"云游"故宫指南》，"贺岁迎祥——紫禁城里过大年""须弥福寿——当扎什伦布寺遇上紫禁城""全景故宫"等 5 个在线展览及数字全景展厅，覆盖近 10 个国家
	中国丝绸博物馆	"丝路之绸：丝绸的起源、传播和交流"首个丝路主题大展，用展品和展览丝绸在中国起源、向外传播并交流发展的主脉络
	中国茶叶博物馆	云游博物馆：中国茶叶博物馆利用 VR、语音、3D 等多媒体手段实现了展览布局、藏品细节的在线展示
	杭州西湖博物馆	"春天，来西湖品龙井茶——西湖龙井茶文化特展"

　　从虚拟空间的角度来讲，中国各文化传播机构也做出了不少尝试，在 2020 年疫情期间，全国博物馆推出 2000 多个线上

展览，总浏览量超过 50 亿人次。以故宫博物院为例，故宫博物院在疫情期间发布《"云游"故宫指南》，"贺岁迎祥——紫禁城里过大年""须弥福寿——当扎什伦布寺遇上紫禁城""全景故宫"等 5 个在线展览及数字全景展厅备受瞩目，覆盖近 10 个国家。中国丝绸博物馆、中国茶叶博物馆等传统的中国特色主题博物馆举办的线上展览——如杭州市官方账号发布的杭州西湖博物馆"春天，来西湖品龙井茶——西湖龙井茶文化特展"对外传播了中国文化，吸引海外目光。

随着元宇宙时代的到来，中国文化和世界文化的交融进一步得到发展，中国文化的对外输出也开拓了新的路径和空间。中国的文化传播不仅有了更多的创新可能性，也有了更多的传播可能性。

现有的元宇宙教育行业分析

元宇宙将为人类的学习提供更大的空间和更好的技术基础，迭代 21 世纪人类的教育体系。元宇宙作为下一代的互联网技术的集大成者，必然会成为中国教育现代化，实现中国未来教育弯道超车的一个重要承载平台。

在物联网、人工智能、区块链等技术的加持和应用场景的不断延展下，2022 年成为"元宇宙教育元年"。元宇宙概念与虚拟现实技术交织在一起螺旋上升，支撑元宇宙空间建设所必需的知觉管理系统和虚拟场景系统快速发展。

教育元宇宙具有共享、沉浸、创新、在场等特点。

第一是共享。元宇宙教育的关键之一是形成用户共创内容模式。元宇宙的共享创作是重要的一个部分，在元宇宙的虚拟房地产平台中，用户可以借助提供的工具实现共同创作和自主创新，在教育领域中，随着 Web3.0 的广泛应用，互联网去中心化，用户不再仅是互联网的使用者，而是进一步发展为互联网的拥有者，能够极大限度地自主创造操作掌控互联网技术和虚拟空间的构造，实现从受教育者向教育者的转变，实现新的互动方式，即一切平等、一切共享。

另外，知识产权的保护也能进一步受到监控，在区块链技术下，一切发明创造都有章可循，这就让知识产权保护处在更光明的环境下受到更便捷的监督。另外，在元宇宙教育中，知识付费产生的回报即时可靠，内容发布推广路径清晰有效。在这样的环境中，内容共创模式将获得巨大的发展空间。

第二是沉浸。教育元宇宙将打造智能空间，为受教育者提供全感官沉浸式体验。教育内容的生产从 PGC（专业生产内容）、UGC 逐渐丰富到 AIGC（人工智能生成内容），更多逼真细腻的虚拟场景将被设计出来，极大地拓展学习空间的边界。学习者可以在不同的时空中扮演多种角色，并与其他角色进行密切互动。学习者既是知识形成过程的亲历者，也是知识理论诞生的参与者，学习体验大幅提升。

此外，在职业教育、实践教育等领域，基于元宇宙构建的课程不仅能发挥写实、可视、可参与的情景式课程特征，激发学生学习兴趣，提升课堂效率，大大改善现有智能教室、智慧课堂的互动体验，还大幅降低因实验、外出考察产生的附加费用和成本。沉浸式的体验将打破原有教育面临的边际成本高、教育资源稀缺的束缚，给教育和学习服务行业带来新的发展空间。

以 Sloodle 为例。Sloodle 是 Second Life（第二生命）和 Moodle（中间）结合的产物，是在国外广泛用于搭建三维虚拟教学平台的关键模块。在 Sloodle 这个虚拟社区中，用户可以自由参与并且模拟超越现实的场景，这个学习平台被称为元宇宙与虚拟社区结合的雏形，我们可以设想的是，未来在类似 Sloodle 的虚拟学习社区平台中，现实生活中的社交属性迁移至元宇宙之中，营造出来的必然是更具沉浸式的交流环境，在这种环境中，用户可以与创作者交流，用户之间也可以自由交流，学生能在仿真虚拟实践中学习，这种沉浸体验必然重新建构学习和认知。

案例：

可以设想一下，在这种虚拟空间中，你可以化身宇航员，沉浸式地坐在宇宙飞船中体验太空奥秘，甚至飞出飞船遨游太空，也可以自由穿梭大陆之间，以原住民的身份融入其他社群，还可以自由建构身份，在身临其境般的三维世界体验不同职业，让实习实践更具有效率，也为学生创造更多的机会。

第三是创新。元宇宙在教育领域的应用在新冠疫情之下已有显现，比如全球顶级 AI 学术会议之一的算法、计算机和人工智能国际会议（ACAI），将 2020 年的研讨会放在任天堂的《动物森友会》游戏上举行，这场虚拟空间举办的会议，从人气、规模等方面丝毫不逊于现实会议。除了新的形式外，元宇宙教育还孕育新的学习模式。学生借助虚拟数字人的身份在元宇宙中实现新的交互学习，体验虚拟世界与现实世界交融的新体验新场景。虚拟的场景中的知识获取能够更好地应用于现实，现实中的实际应用也能更好地反馈到元宇宙世界，实现虚拟与现实的共存共生。

元宇宙也孕育新的商业逻辑。元宇宙整合了人工智能、区块链、云计算等要素，教育产品知识产权将得到很好的保护，产品交易极为简单和公平，相关学习经历证明也高度智能化和透明化。对于诸如知识付费、专业研修、学历获取等需求，完全可以通过元宇宙得以实现。

元宇宙教育时代充满无数种创新可能。元宇宙为教育事业的蓬勃发展创造了难得机遇。随着时代的进步，教育系统需要更多具有创新能力的人才。这就要求学习者要不断地达到体验和感悟的层次，这是我们过去的学习和教育不常达到的高度。幸运的是，通过元宇宙中沉浸式的教育和更好的交互方式，能够让我们获得更好的体验，从而实现学生的创新能力培养和提升。

在元宇宙的体验传递中，最重要的就是视觉和触觉两个部分。目前视觉体验的发展已经有规模可寻，但是触觉体验还没有相关技术完善，尚未得到更好的发展，但是未来这一体验必将有所突破并且得到广泛应用，触觉体验的发展将会影响到我们对于元宇宙的使用，将会促进更多的新产品、新行业、新模式、新文化甚至新制度的诞生。

第四是在场。元宇宙教育能够节约教育成本，元宇宙能够模拟出现实生活中价值不菲的仪器，学生能够更自由地解除经济条件限制，操作更好的设备。

在教育元宇宙中，沉浸式课堂能提升课堂效率和学生兴趣。教师资源能够得到扩展，通过人工智能技术可以模拟出更为科技化的虚拟教师，虚拟教师能够通过人工智能技术分析学生的个性、从而实现更好的一对一教学，教师还可以虚拟出相对应的课堂，从而实现更智能的教学传递。

这种教育体验的改变会极大地影响未来的教育和学习，也会突破在线教育的智能化不足，反馈性不够以及互动性不足等弊病，因此在元宇宙里教育和学习将迎来深刻的变革。

在当前教育的各个领域之中，最严重依赖于体验感觉的一个领域就是实践教育。在我国实践教育仍然是比较匮乏的一个部分。实践教育与传统的教学相比，在人才培养的全面性和探索性方面都会有全面的提升。我国目前的教育还是处于封闭的课堂式教育。从封闭的课堂提升到多种多样的学习生活，扩展学习场景，从注重书本的知识到体验探究式的学习，从纸片、书本式的阅读理解到亲身实践感悟，这都是需要提升的一个过程。

元宇宙中的体验交流将大幅摆脱现实物理世界的时间和空间限制，大幅提升学习体验和效率效果。可以说，元宇宙为我们开展实践教育提供了一条全新的赛道。我们需要打开思路，破除思想障碍，以全新的视角重新审视实践教育。

实践教育与传统教育相比，最重要的就是体验探究丰富和感悟的过程，这也是元宇宙带来的价值。通过 VR、AR、MR 实现的高度沉浸感，通过触感和动作捕捉等各种新型人机互动技术大幅降低人机交互、人人交互的成本。通过虚拟数字人，我们能够亲身实现在场；通过触感和动作捕捉等能够获得亲身的在场体验，摆脱物理世界，实现虚拟世界的交流，摆脱空间限制，大幅度的提升学习和工作效率。

在元宇宙提供的新的实践教育赛道之中，中国与世界各国都处于并行的起跑线之上。甚至就目前的设备研制而言，中国在部分设备还处于领先阶段。在元宇宙中实践教育领域，中国将开辟一条新的赛道。

就中国国情而言，我国人口规模巨大，学生体量巨大，想要让所有的学生都实现现实生活中的实践教育，是很难完成的事情。我国的教育投入规模有限，相较于国外的少量学生和巨大的教育投入规模而言，他们实现实践教育会比我国实现实践教育相对而言更易触达。

我国巨大体量的学生参与实践教育，需要非常多的教学场地、教师资源等。元宇宙能够在一定程度上解决这一问题。

通过虚拟世界的研学旅行、劳动教育、职业体验等突破时空限制的活动，随时随地开展教育教学。学习过程在虚拟世界中完成，没有交通和食宿的时间成本，学习效率大幅提升；与游戏相结合甚至更多人机互动技术的引入，让元宇宙实践教育更具趣味性，更有吸引力。

元宇宙为实践教育打开了另外一扇大门，可以说，实践教育可能是元宇宙教育的另外一个快速取得突破的方向。

在元宇宙教育行业，中国国内与国外均有所布局：

国内教育元宇宙企业分布情况

当前元宇宙教育相关的企业有 40 余家，按照成立年份划分，如图 2-9 所示，大部分涉足教育元宇宙的企业并不都是新时代的产物，而是以往的教育企业开始开辟新的业务，向教育元宇宙伸出触角，这也意味着教育元宇宙并不是完全新生代新力量的产品，教育业向元宇宙进军也并不是新企业冲动的产物，而是发展已久的教育相关企业向对元宇宙趋势的顺应。

如图 2-10 所示，从教育元宇宙上市企业所属地区来看，除北京有 4 家相关上市企业外，其余涉足教育元宇宙的上市企业大多集中在南方地区，这也与中国当前的经济格局有关，南方经济相较于北方经济取得了更好的发展，相关产业的发展趋势也是南方地区明显优于北方地区。从整体来看，浙江、广东和北京是中国科技产业和经济发展相对最为发达的地区，因此更多的教育元宇宙上市产业集中于北京、广东和杭州等发达地区。

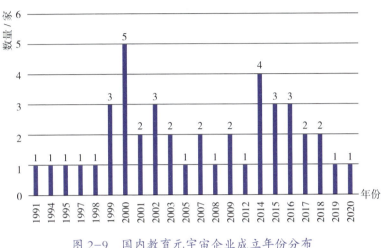

图 2-9 国内教育元宇宙企业成立年份分布

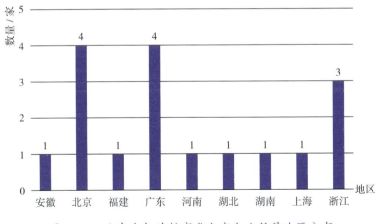

图 2-10 元宇宙相关教育类上市企业所属地区分布

如图 2-11 所示，从教育元宇宙相关非上市企业的分布情况
来看，基本都处于北京地区，有 3 家处于浙江地区。北京作为

教育培训行业以及元宇宙发展相关行业的重心，在教育业向元宇宙发展的过程中，成为发展的核心地区，同时北京也汇聚着全国大量的相关人才，让教育元宇宙的发展有着更多的可能。

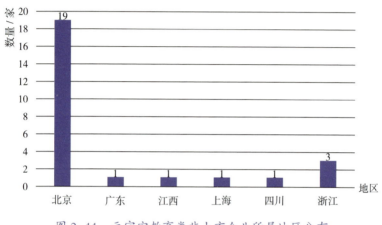

图 2-11　元宇宙教育类非上市企业所属地区分布

　　如图 2-12 所示，就整体的所属地区而言，明显看出北京地区和浙江、广东地区的相关产业领先于其他地区，东北西南地区等教育行业不发达以及科技产业不发达的地区仍然没有相关企业的发展。

　　如图 2-13 所示，就教育业的关注热点关键词云来看，双减政策和元宇宙是当前教育领域比较集中关注的方向。教育领域在随着科技变革方面一向是先行者，可以预见的是，当元宇宙场景和设备搭建应用更加广泛时，教育将会成为元宇宙中的中坚发展部分。

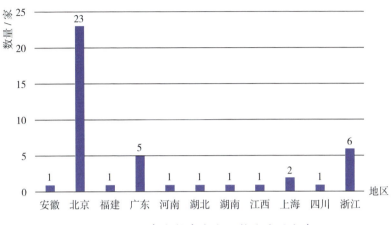

图 2-12　元宇宙教育类企业整体地区分布

图 2-13　教育业关注热点云

　　从教育业元宇宙上市企业关注范围的词云来看，关于服务、销售、技术活动等是相关企业比较关注的领域，这与教育元宇宙相关企业的发展方向也是相符合的，当前相关上市企业主要集中技术服务等领域的发展。

整体而言，元宇宙教育带来的优势是可以预见的，元宇宙教育的未来发展涉及两方面，一方面是传统教育机构向元宇宙进军的可能性，另一方面是相关产业的发展。

从当前情况来看，传统教育机构而言的整体发展进度应该会落后于相关产业。无论国外的发展还是国内的发展趋势来看，明显都是产业先行，国外以 Meta 为先例，掀开了元宇宙热的风潮，Facebook 改名 Meta（取自元宇宙英文 Metaverse 的前 4 个字母），并且在 2021 年投资了 5000 万美元用于元宇宙相关生态以及规则的探索研究，Meta 还专门成立了一个团队用于研究元宇宙相关产品。微软也随之加入元宇宙产业的发展，在微软看来，元宇宙的本质在于构建一个与现实世界持久、稳定连接的数字世界，微软主要是建构更为数字化的办公场域，连接不同的元宇宙从而构建更为庞大的交互性世界。

具体来看，Meta 近年来持续推进 VR 生态的发展，2021 年，Meta 的实感实验室（Reality Lab）发布触感手套的最新研究，进一步提升 VR 世界的真实性以及虚拟世界抓握的舒适度。这是元宇宙世界整合感官的重要一步。微软在 AR 领域也有成熟产品的孕育和研发，微软研发的微软互浏览 2（Microsoft HoloLens2）带有 6DoF 跟踪，空间映射和混合现实捕捉功能，还支持实时眼动追踪，借助人工智能，助力混合现实技术领域的视觉处理。

在我国，腾讯和字节跳动等企业率先涉足元宇宙产业，字节跳动的进入逻辑是基于内容，字节跳动目前优先关注元宇宙所需要的技术储备相关需求，在技术上，字节跳动投资收购多家企业，包括以 VR 数字孪生（数字孪生指的是通过数据手段模拟克隆一定范围内的物理世界中的物体）云服务为主的众趣科技以及 VR 软硬件制造商 Pico，字节跳动收购 Pico 的意图是为了吸纳更多的软硬件以及人才优势，从而深化在元宇宙领域的长期投资。

腾讯当前仍然将核心集中于社交。除了对于相关技术储备和算力的关注外，腾讯对于与教育相关的产品已经有所涉足，早在 2019 年，ROBLOX 与腾讯公司合作上线中国版的 ROBLOX 平台"罗布乐思"，该合营企业所推的平台主要向中国青少年传授编码基础、游戏设计等技能，举行高校游戏创意比赛等，扶持优秀的开发者和作品。这款游戏也被誉为"元宇宙鼻祖"。

就传统教育机构而言，当前公立的教育相关学校还没有正式向元宇宙进军，但是应用元宇宙平台进行相关教学活动已经有了不少的实例。传统的教育行业在进军元宇宙时要考虑到更多的资源设备等问题，在虚拟现实技术进一步发展的将来，可以预见到世界各高校乃至中小学，对于新技术的应用和新场景的入局都是乐于接受的。

从当前政策看未来发展，尤其是从世界当前针对元宇宙的政策来看，当前欧洲地区对于元宇宙相关的发展处于非常谨慎的状态。欧盟此前对于数字技术和人工智能的发展就处于相对谨慎的状态。欧盟《人工智能法案》、"平台到业务"监管法规、《数字服务法案》《数字市场法案》等法规也体现出了欧盟针对元宇宙相关产业可能采取的谨慎态度。欧盟对于这些数字技术相关的立法也体现着欧洲更为关注相关的管理规范措施，由于欧洲内部缺乏原生态互联网产业，并不会针对其进行大范围地探索和放开。

而亚洲地区态度相对明朗，韩国和日本对于元宇宙产业的发展相对支持，日本经济产业省于 2021 年 7 月发布《关于虚拟空间行业未来可能性与课题的调查报告》，将元宇宙定义为"在一个特定的虚拟空间内，各领域的生产者向消费者提供各种服务和内容"。韩国则是已经成立了元宇宙协会，2021 年 5 月 18 日，韩国信息通讯产业振兴院联合 25 个机构（韩国电子通信研究院、韩国移动产业联合会等）和企业（LG、KBS 等）成立"元宇宙联盟"，旨在通过政府和企业的合作，在民间主导下构建元宇宙生态系统，在现实和虚拟的多个领域实现开放型元宇宙平台。以三星 KT 为首的韩国大型企业机构也都加入到了相关项目的推动之中。如表 2-4 所示，韩国推出了一系列数字新政数字内容产业培育支援计划。

表 2-4　韩国数字新政数字内容产业培育支援计划

投资项目	金额（亿韩元①）
总投入	2024
XR 内容开发支援	473
数字内容开发支援	156
研究与实验发展（R&D）投资	537
XR 内容产业基础建造	231
数字内容企业基础建造	186
人才培养	107
支持数码内容进军海外	119
数码内容基金投资	200
公买公卖环境建造	15

　　当前美国对待元宇宙的政策态度暂时比较模糊，美国对于数据泄露的担忧仍然处于上风，基于数据和身份识别的数字化渗透，美国政府仍然非常谨慎。我国对于新生科技的态度一向比较明朗，倾向于支持，虽然对技术的发展，我国有一定的信心，但是对于元宇宙这一新的技术革命对社会和群众的影响，我们仍然处于比较谨慎的态度。虽然我国没有国家级的相关政策，但是各地方已经有相关的扶持政策，《"十四五"数字经济发展规划》指出：创新发展"云生活"服务，深化人工智能、虚

---

① 　1 韩元约等于 0.0055 人民币。——编者注

拟现实、8K 高清视频等技术的融合。整体而言，我国对于元宇宙相关的建设和应用是处于开放和明朗态度的，未来我国教育业与元宇宙革命的深度融合也有了更多的发展可能性。

如表 2-5 所示，目前世界各地区对于元宇宙建设分别持有或谨慎或积极的态度倾向。

表 2-5　各国元宇宙建设相关政策及态度趋势

地区	相关政策法案	倾向	态度趋势
欧盟	《人工智能法案》《数字服务法案》《数字市场法案》	欧洲内部缺乏原生态互联网产业，并不会针对其进行大范围地探索和放开	谨慎保守
美国	暂无	美国对于数据泄露的担忧仍然处于上风，基于数据和身份识别的数字化渗透，美国政府仍然非常谨慎	谨慎保守
韩国	成立元宇宙协会及元宇宙联盟	旨在通过政府和企业的合作，在民间主导下构建元宇宙生态系统，在现实和虚拟的多个领域实现开放型元宇宙平台	积极推进
日本	《关于虚拟空间行业未来可能性与课题的调查报告》	应降低 VR 设备价格以及 VR 体验门槛，并开发高质量的 VR 内容留住用户；政府应着重防范和解决"虚拟空间"内法律问题，并对跨国、跨平台业务法律适用等加以完善	积极推进
中国	《"十四五"数字经济发展规划》	加强元宇宙底层核心技术基础能力的前瞻研发，推进深化感知交互的新型终端研制和系统化的虚拟内容建设	谨慎推进

就当前来看，我国日后对于教育元宇宙相关的建设是向好趋势的，对于相关基础设备的发展也是持大力支持态度。事实上，根据 2022 年两会中政协委员的提案来看，有不少提案涉及加强青少年科技综合能力的发展，加强基础教育科研院所的信息化建设，从长久来看，这能从基础阶段更好培养青少年对技术的敏感以及技术与教育的进一步融合发展。

在线教育企业分析

从当前国内在线教育企业发展图谱来看，主要涵盖了素质教育、高等教育、学科培训、职业教育以及语言学习等多个方向。但是就当前来看，教育辅导机构比较倾向于职业教育、Steam 教育方向。Steam 教育是一种融合教育，包括科学（Science）、技术（Technology）、工程（Engineering）、数学（Mathematics）、艺术（Arts），Steam 教育注重科学、技术、工程、艺术和数学的跨学科融合发展。

如表 2-6 所示，从 2021 年中国在线教育相关机构的融资情况图可以看出，2021 年获得融资的在线教育机构主要是职业教育和 Steam 相关领域的企业，这也显示了教育辅导机构在"双减"之后的发展路径。

在线教育的覆盖面非常广泛，涉及的产业形态和领域也是多样的。按照行业链条的分工方式来分，主要是技术提供方、内容提供方以及平台提供方 3 个部分。

表2-6　2021年中国在线教育融资数据榜单（1~10）（数据来源：网经社）

序号	融资方	所属行业	所在地	融资时间	融资轮数	融资金额	投资方
1	粉笔教育	职业教育	北京	2021.01.01	A轮	3.9亿美元	IDG资本挚信资本CPE等
2	核桃编程	Steam教育	北京	2021.03.25	C轮	2亿美元	KKR元璟资本高龄创投资等
3	云学堂	职业教育	江苏	2021.03.29	E1轮	1.9亿美元	腾讯经纬中国红杉中国等
4	火花思维	Steam教育	北京	2021.01.24	E3轮	1.5亿美元	挚信资本腾讯投资
5	小鹅通	知识付费	广东	2021.06.15	D轮	1.2亿美元	IDG投资启明创投GGV纪源资本等

（续表）

序号	融资方	所属行业	所在地	融资时间	融资轮数	融资金额	投资方
6	LingoAce	语言类	湖北	2021.12.03	C轮	1.05亿美元	红杉资本印度猫头鹰创投顺为资本等
7	叽里呱啦	早教	上海	2021.01.08	C轮	1亿美元	挚信资本腾讯投资
8	开课吧	职业教育	北京	2021.07.11	B1轮	6亿人民币	未透露
9	美术宝	Steam教育	北京	2021.02.10	D1轮	4000万美元	中金资本旗下基金五星控股星纳赫资本等
10	常青藤爸爸	早教	北京	2021.01.12	B轮	3000万美元	兰馨亚洲源星资本星纳赫资本

内容是在线教育行业的核心竞争力，内容提供方的赢利模式是通过提供内容来赢利，核心竞争力是高质量或者高产出，以及不可替代性。提供内容的模式包括视频、直播、文档资料、教育工具等。技术提供方主要是为政府和学校提供搭建云平台的资金技术，这些企业本身不输出教育相关内容，但是其提供的技术支持是完善在线教育设备体系不可或缺的一部分，甚至直接性地决定着在线教育是否能够成功。平台提供方式构建在线教育生态的核心，他们通过输出在线教育产品，搭建整个在线教育生态的核心层。

我国教育以公立为主，公立教育机构主要是由政府出资进行维持运营。就非公立相关的教育产业来说，主要是通过内容提供，教育相关硬件设备提供以及教育相关软件的研发提供来实现产业发展。因此元宇宙教育的主要运营模式包括：教育硬设备供应、虚拟空间教学、内容资源提供、教育游戏、软件设备供应、人工智能答疑以及模拟教学设备提供等方面。

元宇宙时代，教育业所涉及的领域主要是硬件设备提供方，技术支撑方和内容提供方。

硬件设备提供方指的主要是 VR、AR、虚拟手套等基础设备的提供企业，这些都是元宇宙的底层设备支撑。从当前国内外元宇宙产业生态来看，提供设备支撑的企业还是比较多的，相对而言，国外元宇宙相关企业更偏重内容多一些，而国内则是偏重技术稍多一些，国外以苹果、微软为例，都在大力投入对元宇宙相关操作系统以及虚拟现实设备的生产中，国内以阿里、华为为代表，都在投入对虚拟现实设备的研发，从而搭建更好的通向元宇宙的路径。

技术支撑方主要是为元宇宙入局提供基础技术的企业，包括5G、AI、区块链技术等。较高的分辨率和低延迟的体验感能够让虚拟现实中的交互更加真实，目前相较于真实世界的交互而言，元宇宙中的交互状态仍然是非自然、不稳定的，这一方面需要硬件设备的提供更加灵敏，另一方面需要构造更加真实的环境以及超高速的网络连接，这样能够避免模拟感官体验差导致虚拟现实的体验存在感官上的失衡。

在传统的在线教育模式中，内容提供方主要依靠传统教育机构。在元宇宙中，内容提供者有了更多的可能性，去中心化的基础设置使得用户自己本身既可以作为消费者与教育获取者，又可以成为传播者，产生创造通过互动传播内容，这就创造了一对一互动的更多可能性，创造了新的用户赢利模式，教育的去中心化得以实现，这些交易过程有区块链的记录，能够一定程度上保证安全，让所有的消费和交易透明。

就传统教育机构而言，一是传统公立的学校机构，二是学校外的教育辅导机构，这些机构向元宇宙世界的过渡和转变让教育产业发展方式有了更多的可能性和不确定性。

公立学校机构将进一步走向开放，尤其对于中国而言，我国的公立教育是相对封闭的，走向元宇宙意味着和更多的机构、技术、团队接轨，走向更开放更广阔的教育空间。但是若想维护教育的公平性，主要还是依靠政府支持，但是学生们在这一过程中能够接触到更多的教育资源，更沉浸式的教育，教育能够通过虚实融合，体验与教学融合的方式实现更好的效果。

第三章

构建教育元宇宙的关键技术支撑

你环顾着这个渐渐熟悉的元宇宙场景，这个世界的真实性和互动性让你感觉适应起来十分容易。你觉得这与你日常生活所差无几，甚至能更方便地进行学习活动。

你抬头望向穹顶，那更像一个广袤的宇宙。你置身其中，感觉这个世界蕴含了无数前人留下的智慧。你深知那是现代科技和教育行业共同推动的结果。通过对元宇宙的相关了解，你知道了你脚下的这片土地、手碰到的每一种触感、所获得的所有反馈，都离不开这些科学技术的支撑。

5G/6G、AI、区块链、脑机接口……这各种技术的推进和开发，为你带来了这无与伦比的教育盛宴。你顺着时空的脉络，向你感兴趣的部分走去……

近年来，大数据、AI、VR 等新兴技术的产生，不仅推进了国家治理体系的建设和治理能力的提升，还推动了教育业的发展。技术的现代化对国家各个行业产生了深刻的影响。经过长达几十年的技术和产业积累，在线资源逐步从单一的图文向视频流媒体及虚拟交互等形式迭代，信息量越来越大，体验越来越好。当前，云计算技术、5G 以及 3D 打印技术在教育行业中得到了越来越广泛的应用。

现阶段教育领域十分重视数字智能化的学习交互环境和技术实现手段，其中得到最多关注的技术包括 AI、VR、AR 技术，也属于目前发展相对成熟的技术。教育元宇宙的底层技术架构不仅包括这些技术，还有正在研发中的一些新兴技术。此外，教育元宇宙的建构不仅有技术层面，还有多层融合的生态系统。

如图 3-1 所示，从当前智能时代教育业务的架构来看，主要包含了 5 个层面——用户层、业务应用层、平台能力层、数据支撑层以及基础设施层。除了用户层面外，其余层面的架构均需要技术赋能以得到提升和转变发展，5G 的高速率、低延迟能够革新教育服务质量，其边缘计算支撑各平台和数据系统的运转，其感知和数据采集能够完善其基础设施，使教育架构呈现更为智能也更为轻盈的特征。后文将对教育元宇宙的关键技术做详细讲解。

第一节　教育元宇宙基础设施

教育元宇宙的实现和应用需要基础设施的支持，其中包括 5G 网络运算的高带宽，以提供元宇宙时代的低延迟体验。XR 硬件设备提供了元宇宙的入口以及沉浸式体验，作为用户在现

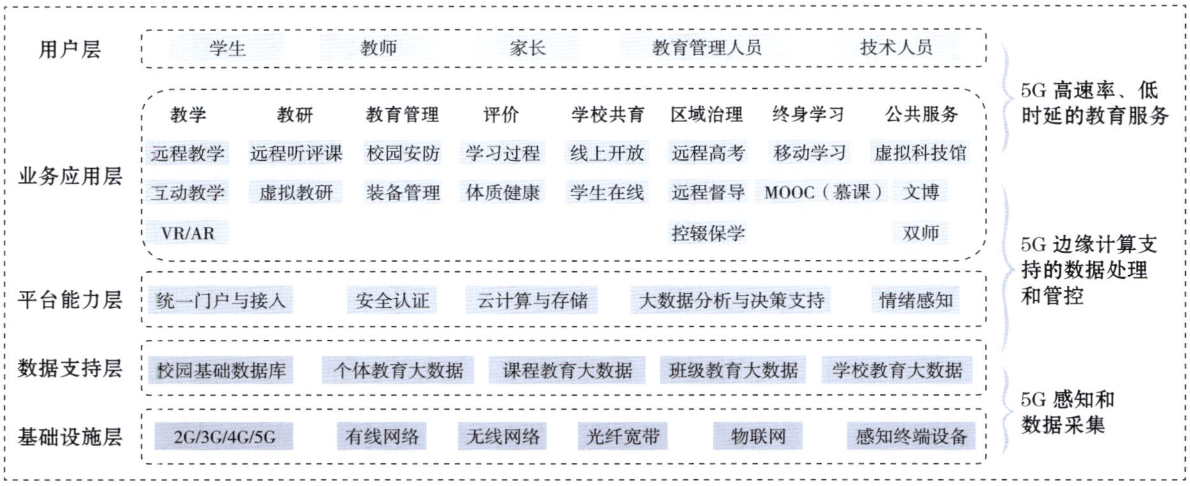

	教学	教研	教育管理	评价	学校共育	区域治理	终身学习	公共服务	
									5G 高速率、低时延的教育服务
用户层	学生	教师	教育管理人员	家长	技术人员				
业务应用层	远程教学 互动教学 VR/AR	远程听评课 虚拟教研	校园安防 装备管理	学习过程 体质健康	线上开放 学生在线	远程高考 远程督导 控辍保学	移动学习 MOOC（慕课）	虚拟科技馆 文博 双师	
									5G 边缘计算支持的数据处理和管控
平台能力层	统一门户与接入	安全认证	云计算与存储		大数据分析与决策支持		情绪感知		
数据支持层	校园基础数据库	个体教育大数据	课程教育大数据		班级教育大数据		学校教育大数据		
									5G 感知和数据采集
基础设施层	2G/3G/4G/5G	有线网络	无线网络	光纤宽带		物联网		感知终端设备	

图 3-1 智能时代教育业务基础架构示意

实生活中接触的终端之一，XR 的接入接口为用户提供了动作捕捉技术和元宇宙空间中的投射技术，使用户的实际动作可以在元宇宙中被捕捉，包括视角的变化、触碰按钮的动作等，这些都为元宇宙中的交互提供了支持。基于 AI 人工智能的虚拟人以及机器人，则为元宇宙中的具身性提供了普适化路径。

5G 网络/计算＋教育：场景背后的底层支撑

你点开面前的通话请求，对方的全息投影呈现在你面前，他的每一个动作都流畅连贯。你知道，这是 5G/6G 的网速在为你的链接提供保障。随着技术的发展，这种全息模拟逐渐连贯，你不再被不稳定的网速困扰，也不再因为网络不连贯而影响你的学习。

你今天恰巧要参加一个 300 人的元宇宙会议，当你以虚拟身份进入会议室，你每一根发丝的捕捉、每一个微表情、每一句话、每一个动作，都需要数以亿计的实时捕捉和仿真的计算来支撑。在你看到的每一个人和场景的背后，蕴藏着无时不在的网络传输和计算。这为你的元宇宙世界搭建了基本的支持，也让你获得了更加沉浸式的体验，仿佛你的每一个真实的动作，都能够在这个世界中复刻。

教育云是云计算在教育业的迁移发展，是教育信息化的基础架构。云计算能够让学生随时随地进入课程学习，通过个人计算机或者其他终端，学生可以通过账号登录，自由享受云服务带来的便利，这进一步推动了移动学习在日常教学活动中的增长。另外，通过教育云平台，用户可以实现教育资源的上传、下载与共享。

5G 网络是数字蜂窝网络，5G 技术是数字教育的重要支撑，如图 3-2 所示。在 5G 网络中，供应商覆盖的服务区域被切分为多个被称为蜂窝的小范围地域。在长远的计划中，5G 的特点为超高速率、低时延、低功耗、大规模连接、高可靠性等，且以海量设备为核心，渗入人们经济社会的方方面面，促进信息交换手段的升级，并形成以用户为核心的，更为广泛的信息技

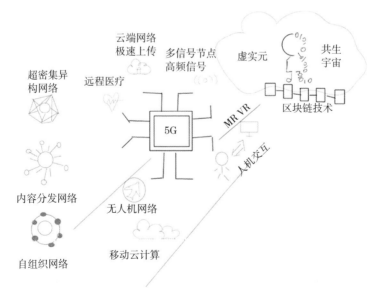

图 3-2　以 5G 为核心的网络及应用

术生态系统。因此，5G信息技术在教育领域将有广泛的应用场景。5G通过AI、虚拟现实以及物联网等技术的有效结合，不仅可以满足在教育活动中沉浸式教学的实际需求，通过5G技术搭建的智慧学校和智慧课堂，为构建"万物交互"的智慧教育环境提供了可能，更利于满足个体化读书、学生无线背包和"无墙"课堂等实际情景。

5G技术已经得到了较大范围的应用，进一步为教育向元宇宙的转向提供支撑。在教育应用中，多人共存的场景构建的背后，需要有较强的网络支撑。这种支撑既能够搭载较高的数据传输和数据计算，还需要保证用户体验的实时性。

5G技术大大提升了网络课堂的临场感与互动性，为网络在线教育中一直备受争议的临场感匮乏、互动性缺乏等关键性问题提出了新的解决路径。

5G教育专网的运用，有助于赋能智慧学习环境。智慧教学环境是目前数字学习环境的高级形式，可以充分发挥智慧技术的功能，通过创建教学社区和教育社群、识别教学情境、记录教学流程、分析学习成果等方式，为教学和学习提供基于数据的支撑。未来，来自多学科、跨专业的交流互动，共同致力于5G教学环境建设、5G教育使用场景研究、5G环境支持的新型教学信息传递规律、5G环境支撑的新型教育教学形式等的研究。

如图3-3所示，基于5G的超高带宽，可以更好地实现人机协同，机器人学伴的规模化应用成为可能。

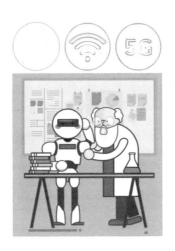

图 3-3   5G 时代的课堂机器人学伴

　　随着 5G 科技的加快发展，更强大的移动宽带以及海量物联设备为学习场所的融合提供了基本保障，帮助克服线上线下学习场所在融入教学过程中出现的障碍。5G 等由教育智能科技赋能的融合式教学空间设计，以智慧、互联网为基础理念，通过智联网等智能技术重塑老师、科技、学习环境等的关联，打通了空间、时间、信息交互之间的壁垒，为学员的正式和非正式学习融合提供条件，有利于教学全过程数据信息的录入（含线上和线下教学），并为学习者群体打造了精准的群体图像。教学空间的融合，将推动学习者群体开展分组合作和探究，从而达到无缝感知，形成强互动性，让个人学习、分组合作教学、团体教学在虚实空间交叉中可以随时随地进行。

　　根据 5G 时代在教育智能技术支撑下建立的智慧平安学校，

运用万物互联，集智慧安全和教育健康于一身，围绕着学员的学习活动轨迹，为学校的教学安全提供高清视频监控、警示咨询服务，对学生的学习活动、学校内外生活环境做出智能解析，实现360°个性化、全方位的教学安全保护咨询服务，以营造健康平安的学校周边环境。在此基础上，智慧平安学校营建了泛互联网式的智慧教学环境，并形成了智慧教学资源与决策服务网络平台，使校内外互动信息相互融通，为学校老师的教与学创造了强大的环境支持服务。

如图3-4所示，同步网络课堂教学是将教师与学生从物理空间完全隔离的环境下，运用网上视频会议信息系统为主要工具，以现代远程教育的基本理论为指导，在互联网环境中进行实时同步教学的一种新教育形式，具备了网上面对面的典型特点。网上课堂教学虽然有力地保障了学生居家时保持学习状态，但也凸显了不少问题，如视音频高度延时、教学内容展示方法单调、课堂教学互动性较弱等。使用移动5G等先进教育智能技术建设高清视频同步网络课堂，不仅可以突破传统视音频高度延时的壁垒，进一步优化课堂教学的展示方法，还可以提升网络视频互动的体验效果，创造令学生喜闻乐见的教学环境，接近或超过传统的教学方法。同步网络教育体验的深入优化，能有力推动学校教育资源的有效共享，提升教学品质，从而推动学校教学优化与均衡发展。

图 3-4　同步网络课堂的实时互动场景

　　泛在学习（U-learning）又名无缝学习、普适学习，是一种任何人在任何时刻任何地方都可以进行的信息获取方式。教育元宇宙的发展将迎合泛在学习的趋势，使之成为一种创新性教育模式。5G 的发展为移动学习者的高清视频等学习资料的有效传输创造了条件，并为学习者带来沉浸式的泛在学习感受。移动学习力的建立是促进移动泛在学习发展的关键，从学习者个人来看，移动学习能力包含了移动学习者的动机、能力和意志，将零散的时间集合起来，从而推动个人的知识与才能的发展。

　　随着手机互联网的发展，碎片化阅读和碎片化学习成为人们在生活中接触信息的重要方式，一方面是由于社会快节奏下的社会焦虑促进了知识学习热情，另一方面是因为生产内容的增加和呈现方式的创新吸引了人们进行碎片化信息获取。教育元宇宙将加深这种趋势，摆脱空间和时间的限制，为人们泛在学习提供技术支持，带来更多元、更深入的情景体验。

作为智能科技与教育教学体系深度融合的关键领域和核心技术，中国高校教师在 5G 时代的智能教学体系中，正面对着多样性的技术挑战，职业上升路径也朝多样化方面演进。这就要求高校教师们要更加重视面向未来的教育创新能力培养，以提升科技素养。高校教师借助 5G 智能平台或通过与 AI 老师合作开展教、学、研的综合教学活动，使其个性化专业教学才能的发挥与智能技术时代发展的教学发展趋势相符。而 5G 时代下的教学也将以满足学习者各种个性化需要为主要目的，让教育与教学全面、有效地进行，并有的放矢发挥教学与 AI 各方面的优点，使真人老师和 AI 老师各司其职，又协调化合作，以实现"人"和"智能"的教学。

5G 时代的机器人学伴，利用对学习者测评分析后的大数据分析算法，精选适用于学习者的模式，从而引发其学习兴趣。5G 将推动机器人学伴的智慧提升，通过记录学习者在不同学科的学习流程，并分析个性化认知系统，实现精细化教育，更有效地提升学习效能。

5G 时期高等教育智能科技的典范运用，将继续沿用至元宇宙教育中。为元宇宙教育赋能，为老师、学员与教材的元宇宙呈现提供基础链路的支持。5G、6G 甚至下一代互联网的持续发展为学习者群体环境构建提供可能，使技术发展的痛点被打通，从而能够在元宇宙中构建更为智能的环境，推动正规学业和非形式学业的融合发展，推动在线课程与线下高等教育的融合发展，推动现代高等教育的优质与均衡发展，构建中国智能高等教育的新格局。

XR＋教育：低延迟高沉浸的实时学习

你看向面前的老师，老师站在讲台上正在讲解人类发展的历史。在讲到玄武门事变的时候，你面前的场景一变，仿佛置身现场。你听见城墙下士兵的厮杀声，看见李世民身着盔甲从你身侧匆匆而过，看见那段真实的历史。你环顾四方，老师的讲解仍在你的耳畔萦绕，那历史的厚重感扑面而来，你从真实的历史中窥见了历史的温度与战争的代价……

无论是教育场景的模拟，还是个体形象的感知与捕捉，元宇宙中教育的质量和用户的体验与 XR 的发展息息相关。XR 支持下的教育元宇宙，将实现低延迟、高沉浸的实时学习。这种模拟场景构建和实时动作捕捉的方式能够为用户构建较为真实的学习体验。包括可以通过远程手术操作进行医学内容的学习、通过对大脑认知虚拟仿真实验增强学习者的理解、通过多维设备的仿真和操作加深学习者的操作水平等，具有较大的教育应用潜力。

通过 VR、AR、MR、XR 等元宇宙的设备入口，在元宇宙生态下，老师不仅是对着屏幕授课，而是可以根据课程来定义自己的教室模型，甚至能直观地展示空间几何构建、宇宙大爆炸等难以实际呈现出的形态。不仅如此，元宇宙的线上学习还可以让学生获得更加真实的上课体验，专属座位、同桌，实时互动交流，避免因为线上学习带来的无趣性，使学生的注意力分散，无法专心学习。

AR技术因其应用到教学场景中的互动体验，在各个学校中广受欢迎。AR技术仿真和交互的特性，能将抽象、晦涩难懂的知识以更生动、直观、全面的方式呈现，帮助孩子们将抽象概念形象化，并通过展示有趣的事实案例和相关概念的三维模型来增强他们的理解力。

可移动的AR系统能够借助现实环境下的虚拟物品，将现实生活中的场景和物品变成AR教学道具，从而实现了互动性、情境性、代入式以及个性化，高保真的嵌入式功能还可以保证学生的注意力。移动的AR系统也可以通过在线实时互动，利用语言、视觉、触觉等信息唤醒学生的临场感，让其参与其中并拥有更深刻的记忆，大大增强教学的真实性体验。化学、物理等基础课程在教育过程中有一些具有较高危险性的实验，在安全消防课程中，也同样会出现这一类情形，而现在通过AR技术，已经完全可以实现虚拟的实验，同时达到了同样的功效。如此一来，在课程培训中的危险性也就降低了。

AR这种沉浸式媒介可以为学习者群体提供身临其境的感觉，而这个感受又是一个人在综合复杂而现实的生活体验中所具有的主观体验，是将元宇宙中的全息生态和现实场域结合的有效手段。它为学习者群体创造了一个独特的空间，使学生对其他人或事物有强烈的在场感。而这一体验又能够提高学生对学习社会的理解。所以，AR 在训练学习者群体的直觉领域方面具有很大潜力。通过 AR，能够把全国各个地方的教师、学生集中到一个虚拟教室中进行学习，同时也获得了真实、即时的交流。未来很多北上广深的优秀教学资源就能以极低的成本，倾斜到三四线、乡村等教育资源欠发达的地方，让边远山区的学生也可以体验到名师的亲身指导。AR 教学培训可以突破地理局限，把千里以外的优质教师力量利用 AR 技术，输送给世界另一端的教学机构与平台。这有利于教育元宇宙中教育公平地推进，也能够有助于加强知识的流动和共享，将线上线下进行连接，使社会和元宇宙形成相互交织的运行模式。

VR 技术为学习者提供了交互式和趣味的教学环境，并采用软硬件一体化教学方案支持多种设备的同时授课，并利用云端平台将各种课程同步到 VR 眼镜，从而达到了沉浸式虚拟课堂的效果。以崭新的教学管理模式充分调动了学生的学习兴趣，使课程管理系统真正达到了教、学、练、考"四位一体"的全新教学模式。VR 博物馆将运用 VR 科技，把世界各地的历史文明用虚拟现实的画面呈现在体验者的面前，最大限度地拓展博物馆的空间和功能，将博物馆的展品形象从严肃厚重走向亲民有趣。体验不受时间、地域限制，文物和珍品没有被破坏、被盗窃的风险，体验者足不出户即可学习不同的文化。VR图书馆利用VR人机互动、三维数字等多种技术实现用户沉浸式体验，用户以第一人称视角进入虚拟图书馆中，720°漫游图书馆。图书的内容像被施了魔法一样，变得生动立体，文字变为图文、视频、动漫等形式展现在体验者面前，充分展示智慧图书馆的魅力。

以VR、AR等技术为主建构而成的交互式的教学模式，为教育注入了不同的基因，也是元宇宙中构建全息社会的关键一环。如图3-5所示，虚拟现实技术的应用为教育元宇宙注入了立体化维度，有利于用游戏化呈现和多维视角提升教育效果，增加教育中的温度。相较于AR技术，VR技术则是针对更为职业化和场景化的教育需求。通过虚拟教学场景，可以提供更为沉

图 3-5 元宇宙搭建虚拟与现实的桥梁

浸式的体验。随着元宇宙与教学的深度融合，未来教育行业将出现更多的技术开发人员的与创意设计人员打造的全新教学环境。

一方面，它能够使学习者进入逼真的学习场所中，包括人体、太空、历史现场等，实现沉浸式的现场学习；另一方面，通过交互实验或者模拟场景培训，特别是危险性高的，比如消防逃生演习或者某真实环境下不可能做的危险实验，在元宇宙中能够提高学习成效。

在脸书交流会 2021（Facebook Connect 2021）大会上，创始人马克·扎克伯格放映了一段影片，这段影片也展现了元宇宙与教育结合的可能性及可发展性：

在影片中，只要人类戴上智能眼镜设备，眼前就能够投射出太阳系的八大行星的虚拟图像，通过手势可以调动出它们的相关信息，它们与佩戴设备者的距离足以让佩戴设备者全面、立体性地对其进行分析观测，还可以将虚拟图像进一步放大观察。

如图 3-6 所示，在这种场景下，元宇宙教育跨越时空，学生可以走上太空，更好地体验天文学奥秘，在元宇宙世界里，学生也可以穿越到历史长河的任意一个时间节点中，亲眼见证历史。也就是说，原来纸质教材中静态的内容，将会升级成为 3D 图片、动画、音视频等形式，从而从视、听、触摸的角度强化你的认知。

图 3-6　教育元宇宙中的天文课教学

此外，VR 博物馆 / 展厅利用云端 VR 技术、全景科技等，在有限的空间中为用户进行虚拟现实情景再现，创造空间无限的、内容完整的、高度沉浸式的产品及知识展示空间。将重大事件、重大社会活动、关键人物等历史事件都在元宇宙空间内实时还原，打破时空的限制，让远在他方的事物近在眼前，带给用户一个真实的、多视角的体验。在虚拟环境下，学习者可以通过虚拟身份走进交流会、创作会、讲座、辩论会、研讨会等学术活动现场，打破了区域与时间的局限，实现了多人交流，学生各自可以根据自身经历、兴趣爱好，结合对虚拟环境的亲身感受。除了进行实时的语言交流，还可以进行触感交流，有一种与其他人在一起的感觉。

VR 实验室则借助数字模型和网络建构虚拟的实验台，学习者在完全沉浸式的视觉体验中，可以如同实际操作一般地与物理、化学、医学等现实场景进行交互，他们有充分的实验自主权，通过 360°旋转模型观察内部结构，仿真实现各种实际中不可视、不可摸、不可入、不可重复、危险性高的实验以及想象的实验场景和科研对象。VR 训练特别强调对虚拟现实情景的真实感与操作性，学习者可以在医疗手术、应急、消防演习、汽车驾驶、建筑设计、机器安装、军事、体育活动等的仿真环境下完成各种操作，可以任意切换工作时间与地点，从任意角度观察环境各个细节以及突发状况，并做出适当的反应，通过反复操作与练习，降低成本和消耗，提高学习效率。

案例：

设想一下当前消防演习场景中，你排着队，按照消防队员的指引来到下一步，由于参与人数众多，你无法切身体验到消防场景的紧迫性，消防工作者也不能保证每个人都能投入相应情境中行动，你可能演习过后还是没有记住任何的相关经验。然而通过利用虚拟现实技术，你切身投身于消防场景之中，这里火光耀眼、烟雾弥漫，通过触感甚至嗅感延伸设备，你感觉到了烟雾的刺鼻，也感觉到了灼热的火舌在靠近你的身体，当你能体会到这个场景时，这种身临其境的经验将极大加强你的记忆程度，对于消防相关的逃生或者救援知识也能更好地印在你的脑海之中。

随着 VR 技术研发的不断升级，VR 教育的不断普及，相信未来在教育元宇宙中会有越来越多的应用场景。VR+ 教育的融合，能够为学生创造一个沉浸交互学习过程，引导学生自主思考和探索，培养学生创新能力和解决问题的能力，实现高质量的深度学习。

第二节　教育元宇宙软件系统

置身于元宇宙中，你感觉这似乎是一个全新的世界，但又与真实的世界联系紧密。人机交互的软件系统为你接触教育提供了更便捷的方式，你可以感受到更完备的学习体验。除去更全息的内容展示，你能通过元宇宙的软件系统体会到人机交互的学习，通过对你学习轨迹的记录，你能够准确找到自己在某一时段的学习记录；通过对课堂中专注度和学习效果的评估，你可以明确自己注意力最集中的时间，可以找到提高自己学习效果的准确方法；针对不同类型、不同年龄的软件的指引，让你再也不用担心难以适应元宇宙的教学。

交互式软件系统辅助课堂教学的推出与使用，既延续了传统课堂教学的优势，给教学交流创造了有效空间，也克服了传统课堂教学中展示方法单调的缺点，有效整合了技术辅助课堂教学的优点，能为课堂教学带来无限的资源与巨大的平台，从而促进了学习者在课堂上进行互动式教学、探究型教学。

人机交互式软件系统

交互设计作为正式的研究领域是从 20 世纪 60 年代开始的，当时是以人机交互的形式出现的，目的是提供简单操作的界面，使更多的消费者能够接受新兴的电子产品。随着信息和通信技术的不断发展，近十年来，以用户为中心的原则得到越来越多的强调，"关注人的交互行为"已成为交互设计的本质，其目的是提高产品的可用性、优化用户体验。

相关研究表明：与传统学习模式相比，在线学习模式可帮助学生将知识保留率提高 25%~60%。同时，学习时间也相较之前的传统学习方式缩短了 60%。2020 年的在线教育流行趋势表明，部分市场青睐于交互式数字化学习的新模式，如基于游戏化学习，运用虚拟现实技术或者增强现实技术进行学习。而其他人更关注交互式教学的成功运行，比如混合式家庭教育法。

交互设计理念下的混合式教学环境中，学习者利用移动设备比如智能手机、平板电脑、笔记本电脑等在学习平台上获取相关的学习资源，并在完成预先设定、以真实情境为背景的复杂活动进行知识体系的构建。这整个过程都在移动技术的支持下完成，技术的角色十分关键，能使学习者在获取充分、恰切资源的同时，完成与同伴、导师、专业人士的交互，从而提升学习体验，取得更好的学习效果。

人机交互式学习是通过一套 AI 智能系统，辅助学员学习的高效模式，改变传统的老师教学模式，通过 AI 智能系统完整记录学习进度、学习成绩、解答学习疑惑，实现高效化、智能化、定制化的学习效果。体感交互技术是指人类可以直接使用手势、身躯动态、语言等和计算机以及相关装置实现交流的新式自动通信科技，无须为实现人机交互而额外培训，也因此降低了人们对掌握操作方法的压力，让用户更关注于目标自身。

如图 3-7 所示，教育元宇宙支持的学习交互形式多样、交互对象多元、交互次数高频。学习者既可以与学习游戏中的情境元素进行人机交互，也可以在教育元宇宙中与老师和同学交互，交互体验更贴近真实情境。

图 3-7　教育元宇宙中的游戏化拟真教学

物联网万物互联技术 + 元宇宙

物联网是一种以网络为介质，将万物进行互联的网络，通过各种有线和无线网络与互联网融合，将物体的信息实时、准确地传递到云端。物联网的技术特征有射频识别技术（RFID）、M2M、传感网等。如下文案例所示，物联网技术已经不再局限于某个企业或者行业，随着快速的发展，物联网已涉及智慧安防、智慧能源、智慧教育、智慧家居、智慧城市等的建设。

案例：

如果你不能清晰地理解什么是物联网，请设想一个万物皆媒介的社会，如果有人在跑步时突然呼吸急促、心率过速，而周围空无一人，在这种危及生命的关头，他的手表会自动联系医院报告他的位置及状态；如果有人在路上超速驾驶，他的车会自动报警并且维持到正常速度，这使整体的驾驶环境更为安全可靠；也有可能你家里整体的智能家居环境随时随着你的智能眼镜的调控而变动，你的学校能够根据你的作业和考试的分析数据智能化匹配相应的学习流程，为你匹配最精准的老师，这样一个万物皆媒介的社会，你会期待吗？

中国国家标准《通用高等院校信息安全科技预防体系标准》《全国教育信息化建设 2.0 计划》、国标《智能学校总体框架》等多个政策法规的密集出台，不断促进了智能学校的建立。伴随高等教育数字化的快速发展，学校如何利用物联网、人工智能和大数据分析等新兴科技，积极开展智能教学的模式创新，助力校园智能化转型，成为当前一大热点。

在"在线教育"方面，最近几年，因为疫情影响，很多学生和家长都选择在家办公和学习。通过物联网系统，通过信息资料的高效共享，进而达到学习者与老师之间的高效交流，提高学习效果。最常用的方法是，通过智能的教学系统、智能看板结合网络的社交媒体等，来实现交互性、强互动的教学模式，从而培养学生的批判性思维、语言能力和自我导向能力。

在校园安全方面，不少国外高校面对层出不穷的校园安全恶性事件，会通过一些技术手段，比如采用射频识别（RFID）技术、AI 技术和生物识别技术，来提高对校园访问者的精准防控，增强校园的安全性。由于中国大环境安全程度比较高，在国内的校园安全则着重关注的是学生自身的心理安全和人身安全。通过 AI 摄像头、门禁系统、校园刷卡系统等可以非常有效地掌握学生的行为轨迹，从而对一些异常的情况进行预判，结合异常发现算法，可以及时预测和预警学生的心理健康问题，以及失联、夜归、逃课等异常行为，让校方能够非常有效地提前采取干预措施，从而规避某些风险事件的发生。

物联网方案正在向教育的各个领域进行渗透，并且发挥重要作用，使原本无法有效获取的数据和信息得到有效的、实时的抓取。例如在课堂等教学环境中，通过利用各种智慧终端，就可以对学习者的行为习惯、学习流程、对知识点所掌握的状况等实现数字化的跟踪与存储，从而建立大数据的基础。通过结合大数据的分析，能够发现到每一位学生的学习规律，对学生的学习与生活方式形成了个性画像，进而进行精细化和个性化的教育。

如表3-1所示，通过系列物联网智能设施的应用，为智慧校园带来了更为丰富的内涵。通过辅助课程呈现、方便课程资料收集、推动课堂教学的交互开展，进一步完成了情景认知与环境管理的功能；由内而外地提高住宿管理的服务质量，让住宿管理变得更加有序化、智能化、高效化；对图书馆内部的照

表 3-1 物联网智慧校园主要应用场景

智能设施	功能意义
智能黑板、智慧课堂、护眼灯光等	完成课堂里的护眼灯光、环境监测、温度自适、情景互动等功能
智慧开关、智慧门禁等	提升住宿区域整体的用电安全、安防监测、归寝管理、环境风险辨识等
智能灯光、智慧监测等	完成图书馆内空间预定、智能照明、能源管理、环境监测等
智慧门卫、电子围栏等	完成访客管理、测温预警、单人鉴权等功能，保障学校出入口安全
智能跳绳、智慧照明等	实现智慧照明、定向广播、运动安全、体育监测等，全天候保证操场安全
智能插座、智能空调等	实现教师考勤、办公用电、智能工位、环境调节等

明、能耗等因素实现智能管理，从而降低能耗，减少经营成本；时刻记录员工进出状况，确定内部人员的进出范围、出入时段，以主动的管理方法取代了被动监视的管理方法，保障学校出入口安全；以智能传感器为基础，统一远程管理控制，自动采集运动数据，全天候保证操场安全；增强办公环境的安全性、易用性和可扩展性，同时有效降低能耗，提高学校办公运营效率。

除去这些表面的变化，元宇宙教育中的物联网科技对教学还将有更深刻的影响。使用 RFID 射频信号辨识技术手段，可以形成高效的教学管理组织体系、教育评估系统和考试管理体系，以便于对教学形成质量保证与监测系统。与传统的教学方法比较，基于物联网的教学方法更具有开放和创造性。它突破了传统空间环境距离的束缚，可以借助于物联网中巨大的物质与信息数据资源优势，形成基于物联网的科学探究模型。使学习者从更高维度上进行科学探究和练习，并运用各种资源推动学习者的更高级思维能力的发展。

虽然在各个教学阶段对学习者的创新性需求各异，但对意识、思维、能力、创新性格等的培养，是创新性教学在各个教育阶段的共同目标。通过物联网教学，不仅克服了一般老师和优秀教师在教学质量间的巨大差距，更开拓了学习者的思想阔度。而教学更突破了空间和时间上的限制，使每个学习者都随时随地能在线，实现知识的获得和交流。

第三节　教学元宇宙管理系统

假如你是一个元宇宙中的教育内容生产者，那么在元宇宙中，你可以通过撰写科普性或培训类资源或分享相关经验来赢利。但这与线下写书不同，在这里，你不用担心你呕心沥血得出的知识成果会被他人窃取。区块链技术为你的版权保护提供了可能。倘若有人试图窃取你的成果，你可以通过区块链技术进行溯源，从而进行法律追责等。这也是你乐于在元宇宙中进行知识共享的原因。

区块链加密溯源技术

区块链是 Web3.0 的基础性技术，区块链技术的去中心化、分布式、可追溯性、高信任度等技术特征，确保了教育管理和教学过程中所产生数据信息的完整性和安全性，可为未来教育元宇宙中学习成果认证、学分银行建设、数字资源管理及分发、开放教育资源生态构建、数字校园社区自组织运行等提供基于规则与算法运作的知识分享与认证保障。

在我国，由于各个地区经济发展有着很大的差距，教育资源严重分配不均。区块链的出现，缩小了不同地区之间的教育资源差距。区块链所打造的去中心化网络，是一个依靠所有节点用户共建、共治的环境，这种环境，也进一步加强了各种信息资料的共享，使在教育领域的各种资源能够相互流通。优秀的老师可以将他们的课程、教学资料等上传到区块链的网络当中，以供其他学生，乃至老师进行学习。同时，区块链利用不可篡改、共识验证的特点，对老师的教学资源进行权属认证，确保发布资源的教师知识产权不受侵犯，保护发布者的正当权益。

当今教育领域中，同样存在一些不公平的教育现象，比如常见的学术造假、教育经历造假等。区块链具备透明公开的特点，所有的上链信息具备不可篡改的溯源性。这意味着，其中的信息都具备极高的信任度，并且真实可查。区块链的这种特性，让学位证书、毕业证书等无处造假，大幅提高了教育的公平性。

脑机接口可侵入设备

或许你是个残疾人，或者说你的身体某些机能并不如他人那样灵敏，那元宇宙为你提供了一种了解世界的特殊模式。当你连上脑机接口的设备，无须使用任何多余的动作，就可以在元宇宙中与世界展开交互。你可以通过神经信号在元宇宙中接触你想接触的课程，进行你想做的操作。在这个全息生态里，你感觉你的身体得到了延伸，你的精神直接与物质相连，这为你带来了接受公平教育的机会，像一束光，照进了你的生命。

脑机接口，是研究如何用神经信号与外部机械直接交互的技术，即通过采集信号，实现大脑与外部设备直接交互的手段和方式，是一个涉及生物医学、心理学、计算机科学、神经科学等学科的交叉研究领域。如图 3-8 所示，脑机接口相关技术包括人工耳蜗、双向肌电假肢、点阵输入视觉信号等。

图 3-8　脑机接口相关技术

如表 3-2 所示，这种把人脑和外部设备直接连接的技术手段已有了漫长的发展历程，在生物医药、神经系统健康与脑"保健"等领域，均具有重大的科研意义和使用价值。

表 3-2　脑机接口技术发展历程

年份	技术进展
1929 年	有研究人员发表了关于人类脑电图的研究成果
1973 年	美国加州大学洛杉矶分校研究者雅克·维达尔，首次使用了"脑机接口"这一术语来表述脑与外界的直接信息传输通路，并提出了脑机接口的系统框架
2016 年	斯坦福大学研究者利用脑机接口技术使一只猴子在一分钟内敲打出了莎士比亚的经典台词——"生存还是毁灭，这是一个问题。"

（续表）

年份	技术进展
2017 年	斯坦福大学研究者再次发文宣布，通过脑机接口技术，可以让 3 名瘫痪患者通过简单想象就能精准控制计算机屏幕上的光标，其中一名患者可以在 1 分钟内输入 8 个英文单词
2021 年	马斯克旗下的脑机接口企业尼鲁拉林柯（Neuralink）宣布，一只 9 岁的猴子，脑内被植入 Neuralink 设备后，用意念完成了玩乒乓球类电子网络游戏

随着脑机接口的发展，元宇宙教育对学习感知能力的增强成为可能。由于个体身体因素的限制，特殊学生难以在传统教育或网络教育中获得与其他学生一样的学习体验。脑机接口提供了通过脑电波直接展开交互的可能，展现出了代替其他协同器官进行交流的能力，能够增强肢体功能，能够基本满足沟通交流、运动控制等需要。特殊学生通过元宇宙中对感官的延伸，能够增强对教育的感知，获得在现实生活中和网络教育中难以获得的感官体验。

脑机接口通常分为 3 类，如表 3-3 所示，一般来说对脑部侵入程度越高，获得的信号质量和强度就越高，风险也更高。

以往，通过老师自我观测来判断学习者学习状况的方法通常没有相应的标准性和科学化，而通过脑机接口技术的应用则可以通过直接收集大脑电信号从而确定信息有特性，这将使老师对学生状况的认知变得更加直接、快捷、精确，同时老师也能够通过网络系统的反馈信息来干预学生状况，并反思自己的教学，进而改善课堂教学成绩。如有人利用脑机接口，设计了一套脑电图管理系统来检测、捕捉并标注学习者在 MOOC 教学活动中或收看网络视频时的学习状况，来提高学习者对自身学习状况的了解程度，以改善学习者的学习成绩。

表 3-3　脑机接口设备的三大类别

类别	定义	应用
非侵入式	在头骨外检测信号的设备	非侵入式脑机接口已经有了商业化应用推广，各大电商平台上也能看到不少非侵入式脑机接口设备在售
半侵入式	安置在大脑皮层表面接收信号的设备	有些艺术家会使用半入侵式装置，以提高自身对色彩、气压等信息的感受能力
侵入式	通过开颅手术等方式，向脑组织内植入传感器以获取信号的设备	由于技术及伦理原因，目前侵入式脑机接口仍停留在实验室阶段，未来可能在医疗场景下逐步实现技术落地化应用

运用脑机接口能够对学习者群体的注意力水准实现即时监控，一方面能够通过对注意力失焦的学习者群体产生回应，引导学生实现专注，另一方面又可以为老师的课程设置提供借鉴（如在学生注意力水准高的时候让其学习）。而且，其获取的注意力水准数据又是老师与课堂上如何引导学习者群体的一种直接表现。

使用脑机接口技术，系统能够进行即时无干预自动检测，通过检测个人在面临问题时脑部的电信号活动，以及与个人的情感活动间潜在的关联，来判断学习者的学习风格并解析学习者在具体实际环境中的学习动机。从而在出现学习者行为动机改变情况时，根据调节行为动机的有关社会影响因素（如奖赏、反馈等）来实施有效干预。有关研究成果指出，参加水平通常和学习动机有关，因而能够透过测定学习者参加水平的好坏程度来反应学习者学习动机的水平。

使用脑机接口技术可在视皮层的神经信息中重建个体对视图像信息的认识，也可协助有视力障碍的学生建立视假体。因此，可以使用脑机接口设备协助身心上出现问题的学习者重构自身感官进而重塑学习，使学习者透过身心的运动练习、感官学习、情感学习以及精神练习等多种模态方法，来感受学习的过程与快乐。

元宇宙基础上实现的去中心化教育的发展无疑是一个让全纳教育进入新时代的纽带。进一步地去中心化教育和个性化的人工智能服务，能够让特殊儿童的个性化需求得到进一步的满足。从而更好地让特殊儿童走出特殊教育机构，实现平等个性化的发展。

脑机接口技术为恢复和增强人类能力打开了新世界的大门，在教育领域有重要的应用前景。不难预见，未来的脑机接口会涌现出更多突破和应用，将会对人类社会产生越来越大的影响。

我们需要做的，不是因未知或恐惧其负面影响而拒斥技术发展，而是拥抱和引导其向善发展，将其用于解决目前面临的一些问题，并注意管控其发展应用可能带来的安全风险和伦理隐忧，探索人的更高形式的生活方式。

元宇宙带来的第四次工业革命使得教育场景和理念迎来了新的突破，通过各种技术的集成，人工智能技术，物联网技术，交互技术，区块链技术以及学习分析技术等的进一步融合推进，使元宇宙呈现虚实共生的学习环境建构。这种技术支撑的新的教育场景也将进一步带来新的教育理念的建构。

随着人类的历史、思想、知识几乎全部被"移植"到互联网，海量信息逐步构建成了虚拟数字世界的基础。在移动终端全面普及和互联网产业大规模快速发展的形势下，数字世界和物理世界加速融合，数字身份、数字孪生、增强现实已成为触手可及的高阶互联网技术。然而以目前的技术水平，数字世界在满足人们生产生活需要方面，与物理世界相比仍有较大差距。建设一种深度沉浸的、追求真实感受，并且能实现虚拟世界与现实世界无缝衔接的全新世界正在成为大众共识。

第四章

教育元宇宙的创新突破性

你结束了一堂课程的学习，作为学生，你拥有了拟真的课堂体验。你能够在这里如平常一样与老师面对面交流，与同学探讨问题。你也可以通过元宇宙为大家展示你的解题过程，你再也不会因离讲台太远，看不清黑板而苦恼。

你点开你的知识分享页面，在这里你又成为一名知识创造者。作为一名教育元宇宙的内容生产者，你深耕于自己感兴趣的领域，向大家分享你拥有的知识和见解。有的时候你能获得其他用户的礼物和打赏，这为你带来了现实生活中的收益。

在这里你拥有不同的身份，你或许还会因这个全息生态中的改变而惊喜……

第一节　元宇宙教育业的新渐变

就在线教育而言，根据不同平台特性的不同，每个人的数字账号绑定相关的个人信息，达成一个独立身份入口。我们的数字身份与真实世界的身份已经达成平行共存的状态，这意味着其实我们已经处于元宇宙世界的雏形当中，随着技术的进一步发展，元宇宙世界的搭建，被各种软件虚拟后产生的各种效果，搭建成个人的更为具体化的入口。这些被软件虚拟后产生的人物环境事件，通过各种信息的传递交流，数字形象逐渐构建成为更为坚固的数字身份，与此前的账号状态不同，这种独立的数字身份一定程度上与现实世界的人一样，能够形成生态，在一定程度上产生社会价值。随着虚拟数字世界实现经济循环，被注入金融属性以及流动性，这些数字虚拟个体重要性会越来越高，甚至于每个人的数字身份的重要性会大于真实世界的"物理"身份。

新角色：独立数字身份

教育元宇宙中的要素身份，就是指每个人的虚拟数字身份。在元宇宙和教育业的结合中，新数字身份是更为核心的。这也是教育业和元宇宙结合后产生的一个新的转变：如图4-1所示，个体不再以现实社会的物理身份获取内容，而是在虚拟生态系统中以精神状态获取内容，通过虚拟数字身份在元宇宙实现完整的生存。这需要脑机接口的进一步普及发展，但是这一发展方向能够让人们更大限度上摆脱现实世界和肉体的束缚。

元宇宙的发展使得人类开始利用更为发达的技术，实现机器媒介的传播，通过元宇宙，人类能够借助技术，再次从虚拟世界中重新达成示现媒介系统的发展。如表4-1所示，这是更

图 4-1　数字身份与真实世界身份的统一性

进一个维度的循环，也是机器媒介系统中示现媒介系统的共生共存，融合传播的实现。

表 4-1　不同媒介类型及传播方式

媒介类型	定义	传播方式
示现的媒介系统	人们面对面实现传播信息的媒介，主要是指人类的口语以及表情，眼神等非语言符号	由人体的感官或者器官本身来执行传播行为
再现的媒介系统	绘画文字印刷摄影等通过物质工具或者机器实现传播的系统	信息传播者需要借助工具传播，而接收者不需要通过工具接收信息
机器媒介系统	借助工具和机器实现传播，比如电视广播互联网等	传播的一方使用机器，接受一方也要使用机器

元宇宙作为下一代互联网的表现形式，其参与模式也在于，进入时必须确定一个虚拟数字形象。作为虚拟现实，既要虚拟生存，也要实现与现实的联通，即元宇宙是物理世界的一个虚

拟映射，并且赋予我们超越空间和时间的网络空间，这也就要求我们有一个能够被保障的数字身份来实现身体的进一步延伸，实现真正的数字化生存。

有学者认为数字身份的演进经历了四个阶段，即中心化身份、联盟身份、以用户为中心的身份以及自我主权身份。

中心化身份由传统的单一权威机构进行管理，比如各大互联网企业等，现在我们所处的互联网世界中，我们的身份还是中心化的身份，正如同在现实世界中一样，我们的信息被权威集中保存，当前全球有近三分之二的网民，信息安全问题成了各个国家的一大问题，如图 4-2 所示，信息泄露事件也层出不穷，Meta 的数据泄露事件更是给全世界网民敲响了警钟。

图 4-2　互联网中的信息安全问题

目前教育业中，我们仍然使用中心化的身份进行生存。在传统教育中，我们的信息集中于学校；在网络中，我们的信息集中于培训机构，我们以各个机构或者软件为中心，去注册对应的身份账号，取得中心化的身份。但是这毫无疑问，只是现实世界的网络迁移，而不能真正意义上实现颠覆性的发展，现实世界中的资源不均，贫富差距都是实实在在存在的，也同样迁移到了网络世界之中，这些根深蒂固的问题仍然没有得到改变。

元宇宙与中心化社会的差异在于，它是一个去中心化的世界，其目的就是在于构建一个以网络为基础的消解权威的世界，打破现实世界的各种禁锢，突破现实世界难以解决的困难。

目前可以设想到的是，去中心化身份实现的虚拟生存在元宇宙教育业上带来显著的影响，虚拟世界不会和现实世界一样成为中心化的结构。中心化的消解意味着创造力成为财富，在治理上虽然人人平等，一人一票，但是在创造上，却是创造决定财富。谁能够输出创造更多的内容，创造更多的价值，谁就能拥有更大的财富。这意味着教育者和受教育者都迎来了新的身份面向转变，都拥有了现实所达不到的新的身份转变，即人人平等的创造者。通过内容知识的输出，通过创造来实现新的交流和互动，这一身份的转变是根据元宇宙的自身特性来实现的，正是由于教育是一个开放性的行业，覆盖着各类的内容，包含着世界万物百态都能成为教育的材料和资源，因此，教育业能实现的身份转向和平等是显而易见的。

新形式：平面转向立体

元宇宙带来的教育新形式是由平面向立体的转变，这一转变不仅是指书面的印刷内容以立体物装形式在眼前直观呈现，也是指内容之间的关联由线装实现网状延展。另外，用户社交网络也从扁平化实现了立体化的扩展，这些都有助于教育业实现教育新形式的转变。

如图 4-3 所示，就 2D 内容的 3D 呈现而言，教育业在元宇宙迎来新的展现形式是显而易见的。当前，虽然 3D 打印技术已经有了突破性的发展、产业化的发展，在医疗业等领域有了突破性的应用，但是整体来说，3D 打印的发展受到资金、材料、设备等各种环境的限制，进行巨大规模的基础教育普及是很难的，当前 3D 打印仍然没有普及到基本的教育课堂中的趋势，如果想要让课堂内容立体丰富起来，进行普及 3D 技术，那么在教育行业中需要投入更大规模的资金资本，这将会带来巨大的成

图 4-3　3D 打印与元宇宙中的 3D 立体化呈现对比

本消耗，而教育成果的提升可能性却是未知的。

然而元宇宙的构造中，一切都是突破性的。如表 4-2 所示，在虚拟空间中，内容能够以 3D 形式立体化展现。学生在理解物体结构，操作昂贵的机器以及在模拟演习等方面都能得到极大的拓展。另外，能节省实际上的物理耗材，还能更加细微地研究物体的内在结构，达到现实世界达不到的感受理解程度。

表 4-2　3D 打印与元宇宙对比

技术	优势	弊端	发展潜力
3D 打印	2D 内容的立体式呈现，现实生活中的产业化应用	受到资金、材料、设备等各种环境的限制	广泛推广使用成本高，适用范围小
虚拟空间	内容能够以 3D 形式立体化展现，节省实际上的物理耗材，能够更加细微地研究物体的内在结构	需要借助设备实现	使用空间广大，传感设备进一步发展将会提供更广阔的机会

传统的学习认知过程中，内容的联系很难以网状形式直观呈现，学习资源、学习资源与环境、学习者使用的工具以及学习的各种知识，学习者之间千丝万缕的关联总是被选择性地忽视掉。

元宇宙时代，环境中的教学资源更为广泛，学习工具、学习资源的设置更为灵活个性化。内容之间、内容与环境、个体与环境之间的链接限制被打破，不同个体有了更多的可能性，不同内容有了更多的链接延展性。以往点状的知识系统、环境系统连接起来，呈现一个立体交互式的复杂结构，实现了网状的延展延伸。学习者的学习内容得到更为广阔范围的覆盖，也更容易联系链接达成各种知识的相互连接，让内容牢固锁在学习者的脑子中，搭建起网络相关结构，避免知识死记硬背、不解其意的现象产生。另外，也有利于学习者在相关内容方面进行深度的延伸、钻研、扩展。

元宇宙实现了社交网络从 2.0 时代到 3.0 时代的跨越，社交网络体系也从扁平化社交过渡到立体化、多维度、沉浸式社交。以虚拟图书馆的建设而言，图书馆的物和人能够更直观地呈现立体化的交互效果。元宇宙的出现为图书馆智慧化发展的下半阶段提供了新的思路和动力，扩展了图书馆智慧服务的领域和边界。

案例：

当你佩戴上智能设备，进入图书馆中，需求的资源通过即时搜索，立刻推送到你的眼前，你省略掉了大量寻找书籍资源的时间，你找到一个座位就能自由浏览资源，甚至可以看到以往浏览者对这本书的想法、意见以及电子批注，你可以留下对书籍的批注或者对其他批注的回复，与超越时空的阅览者交流思想。

以点窥面。元宇宙中，虚拟图书馆能够实现的虚拟对象的立体化交互交流，也能够在校园中更大范围地实现。

校园就像一个大的图书馆，学生就是图书馆的用户，传统的学生的社交范围往往被专业、班级、年级等各种条件所限制，所接触的教学资源由学校进行专业分配，大学的跨专业性的选修课一定意义上打破了这一边界，让学生实现更为广阔的社交，但这也只是片面的，并没有真正意义上打破交流交往的隔阂。然而在元宇宙中，各个教育阶段的学生，都能够在虚拟世界中不受限制地进行交流，只要兴趣所至，不同的老师、同学都可以成为自由选择和交互的对象，打破班级、专业、年龄的限制，实现去中心化的社交网络结构。

新关系：去中心化教育

去中心化的概念不是在元宇宙中首次提出的，去中心化是互联网发展过程中形成的社会关系新形态以及内容生产新形态，其核心并非不要中心，而是节点能够自由选择，任何人都能够成为中心。如图 4-4 所示，去中心化存储具有可扩展性强、效率高、自动容错、可靠性高、成本更低的特性。元宇宙中的资源和数据是十分珍贵的，去中心化的结构能够更好地服务于元宇宙的信息安全需求特性，从而搭建更为可靠的存储网络。

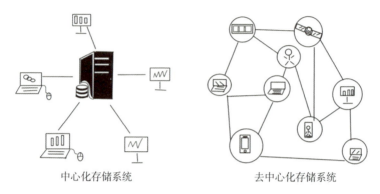

中心化存储系统　　　　　　　去中心化存储系统

图 4-4　中心化存储系统 VS 去中心化存储系统示意

如表 4-3 所示，相对于中心化存储，去中心化应用是一个包含多个分布式对等节点的生态系统。去中心化的存储市场环境发展无疑为去中心化的应用提供更多的可能性。

表 4-3　中心化与去中心化存储对比

存储系统	定义	优势	弊端
中心化存储	整个数据集中在一个系统中的一台或者有限的若干台设备上	采用有限的、固定的节点数，数据访问仅需经过一个控制器，延迟性低	费用比较高，而且安全和性能都有一定的限制，服务商的运营提供可扩展性也比较低
去中心化存储	数据不集中在一个系统中的一台或者有限的若干台设备上，而是每个设备都有成为中心节点的可能	基于区块链技术，具有可扩展性强、效率高、自动容错、可靠性高、成本更低的特性	过度去中心化可能带来不可管控性，导致网络乱象；稳定性相对不成熟，存取速度相对较慢

就整体去中心化行业应用的发展趋势而言，去中心化趋势

是随着技术的发展普及逐渐拥有实现可能性的。

首先，物联网的发展促进了去中心化概念的发展；其次，区块链和云计算也为去中心化提供了保障。去中心化的趋势逐步延伸到社会诸多领域，尤其是在教育领域。随着元宇宙带来的虚实结合的教育新场景，这种去中心化趋势越发明显，在教育领域中，学习资源提供系统、学习评价系统、图书馆系统等学习系统，以及普通教育、特殊教育、职业教育等教育领域都存在着去中心化的趋势。

在教育业中，去中心化的趋势早已兴起。美国是教育去中心化的典型案例之一。美国没有统一的教材，与我国大学教育比较相似的是，美国教科书的选择有非常高的自主性，这与我国大学开设专业课，选择教材设置培养方案的情况大体相似。

就普通教育而言，去中心化教育普及需要区块链技术的应用与发展。区块链技术应用于教育，一方面可以促进教育积极性，有效地提高教学质量和教师的专业水平，另一方面可以对学习资源、学习评价等系统进行科学的管理和控制。通过区块链技术中区块链技术的去中心化特征，分布式数据结构的全程记录与存储，可以应用于个体的学习情况，并且形成永久保存，形成个体的学信大数据，实现个人学业情况的完全记录，并且这个记录是无法篡改，也不会遗失的，相对客观、安全、全面。另外，基于数据共享的学习证学分证明，学生可以通过大数据技术同步项目完成情况、学习进度、参与的比赛、参与的实习等各种情况，给学生毕业后的求职提供真实有效的证明。

基于区块链自身的特性，任何人都可以查看区块链的数据。学校以及政府或者授权管理的企业可以作为第三方机构，企业可以查看区块链中的信息，更加精准、快速地找到相匹配的人才。就应用层面而言，区块链技术的高安全性和可靠性及加密算法对于开放资源的知识产权也能够进行保护。

最重要的是它可以构建以学习者为中心的组织学习方法。前面已经提到，去中心化并不是指完全没有中心，而是指人人都能够成为中心。在区块链技术的加持下，每一个学习者的学习都可以是以自己为中心，分散式的中心架构消解传统的重心架构。学习先后顺序不是固定的直线式结构，而是基于个人的基础和个人的需求，形成一种网状式的结构，每一个人都可以成为中心点，每一个人都可以成为组织，从而形成实实在在的个性化发展和创新。

就线上教育机构而言，去中心化教育的尝试已经开始较长时间了。图特勒斯（Tutellus）是西班牙语世界中最大的在线教育合作平台，在2018年就合作搭建了一个去中心化的教育互助平台，以激励教师与学生的教学与学习积极性。

就特殊教育而言，在教育元宇宙中能够得到更为广阔的发展可能性。元宇宙支持的虚拟学校和脑接口技术，能够帮助特殊学生实现与社会生活的融入。对于特殊学生来说，他们能够从元宇宙中得到全方位、立体式的沉浸式观感，也能够通过虚拟身体进行运动控制、沟通交流等，从而进行平等的学习体验。

职业教育也是我国发展的重点。职业教育肩负着为我国社会发展提供人才的重要职责。教育元宇宙能够实际性地将学习场景、实训场景、工作场景复制到虚拟空间。职业教育人才的培养更多是针对社会就业需求而制定的。通过元宇宙中区块链、云计算等智能技术的应用，能够精准地描绘出学习者的画像，为教师提供教学的依据，实行差异化教学。

另外，针对不同的项目以及学生不同的兴趣和特性，元宇宙为个性化的发展提供了可能。通过对学生相关数据的捕捉和追踪，能够准确描述学生的发展特性、职业特性、学习兴趣等，从而达到兴趣与教学的个性化统一。

对于图书馆机构而言，去中心化也成为指日可待的现实，当前提出的去中心化的智能图书馆元宇宙概念是指图书馆不再是信息管理和提供的中心，各系统节点地位平等，以用户的知识获取需求为主，整个系统是一个去中心化智能的知识服务体系。其过程主要体现在服务过程去中心化、用户信息管理的去中心化以及去中心化的整体生态运作。基于这种去中心化的智能图书馆资源管理架构，能够实现系统自动化的自动管理、生态运作。满足监管审计的要求，具备较高的可靠性。

新理念：游戏式教育

传统的教育架构中，教育是目的性的，随着教育的线性结构越发固定，对于我国基础教育阶段而言，成绩是教育的衡量结果，偏离了真正的教育目的。

随着社会需求的进一步提升，学生及家长将成绩视为学习最重要的目的，社会人才培养重心产生了一定的偏移，教育也出现了模式化、刻板化、目的性增强、灵活性降低的趋向。教学中的乐趣性和自由性也相应地产生了削减。

"严肃游戏"这一概念主要强调的是教育功能。但是一定程度上，这一概念是将娱乐和教育严肃划分开来的，这是对于娱乐的一种偏见，对于教育的一种误解，将教育和娱乐严格划分开来是不现实的，这种杂糅的本质实际上就说明了，教育和游戏是不应该被生硬切割开来的。但是严肃游戏在实际应用上有一定的成果，以择速AR（ZeusAR）的开发研究为例，在2021年9月的一项研究中，研究人员指出虚拟现实严肃游戏（ARSGs）可以提高学习者的学习动机与学习中的交互体验。为了使虚拟现实类严肃游戏可以更加简单便捷地被应用于课堂教学，研究人员提出了一项全新的增强现实严肃游戏的开发流程与框架ZeusAR。通过将其应用于高中几何教学的课堂，随后通过研究证实了ZeusAR相关开发工具具备较好的可用性与易用性。随着严肃游戏的应用性和成果越来越高，当前严肃游戏在市场中有较好的应用前景，对亚太地区而言，相关产业的市场规模也在稳定增加。

"基于游戏的学习"（Game-based Learning，GBL）也称游戏

教学法，是指将教育目标或学习规则融入电子游戏，促进学习者主动参与学习活动的一种教学方法。相较而言，严肃游戏比基于游戏的学习应用范围更为广泛。GBL 是以游戏软件为基础的学习，当前研究的主流方向是教育游戏（Educational Games）的开发设计，这一概念模糊了学习与游戏、正式学习与非正式学习的边界。在游戏软件的基础上，有许多产品实现了教育游戏的开发设计，比如奥果多（Algodoo）以及《坎巴拉太空计划》（Kerbal Space Program）：

Algodoo 是一款由瑞典奥果斯模拟 AB（Algoryx Simulation AB）公司推出的趣味仿真实验平台，该平台可以模拟一些物理实验的仿真软件。在这款软件中，学生可以设计、制作和测试精度很高的物理实验。

《坎巴拉太空计划》是一个虚拟火箭发射器游戏，通过出色的拟真系统，能接触到航空航天相关知识。另外，学生们可以在符合航空航天物理客观规律的基础上，发射自己的火箭，在上面进行太空飞行任务的实验。

GBL 的发展主要是基于游戏元素和娱乐元素来实现教育目的，这也显示了，游戏与教育的融合是卓有成效的。

与前两者不同的是，"教育游戏化"理念不单单是游戏与教育的融合，而是一套系统的方案，包含着教育情境的各种问题，虽然其中也包含着软件的应用，但是软件的核心目的不是游戏取向，而是游戏和教育本质上的统合。

目前在这一理论基础上，实际落地层面比较相似的是课堂世界（Classcraft）这个角色扮演平台，该平台专门为高中课程所设计。

Classcraft 是一家加拿大企业，该企业将在线角色扮演游戏作为课堂教学手段，帮助教育工作者开展培养学生团队合作的相关教育活动以及常规的教学课程。Classcraft 公测版本于 2014 年 2 月发布，8 月全球发行。企业目前拥有来自 160 个国家的约 600 万用户，可使用 11 种语言。在理想的教育游戏化环境中，游戏化能够以完整的体系对教育提供实际性的测量、评判、奖罚体系，在 Classcraft 中，学生就能够满足学生的内在学习动力激励以及社会情感学习等多方面的学习需求。通过合理的激励机制和社交属性设计，从而将游戏和教育融为一体。Classcraft 是教育游戏化转型的一次成功的尝试，随着教育业向元宇宙的迁移，教育游戏化理念将不再是个例性的尝试，而是常态化的发展现实。

VR 和 AR 等虚拟空间设备接口的发展使得教育游戏化从平台性向着生活性、常态性转变，如图 4-5 所示，在虚拟空间中，游戏和教育完全融为一体，整个生态实际上都和游戏相互关联，教育自然不可能排除在外。从教育游戏发展的过程来看，这一趋势并不是消极的，某种意义上而言，这能真正意义上打破游戏和教育之间理念上的壁垒和歧视，真正地实现融合性的进步发展。

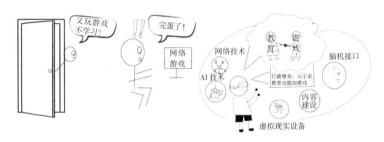

图 4-5　教育元宇宙中的游戏化融合

教育游戏化的发展趋势也并不是一片光明美好。实际上，关于游戏化的担忧是现实存在的，在沉浸体验和交互体验过于真实的元宇宙中，"成瘾性""迷失性"的风险也是存在的，但是就当前 AR 和 VR 等技术在相关方面的运用来看，整体 VR 和 AR 教育环境对于教学成果、学习态度、学习动机方面的研究还是较为正面的。我们要在抱有警惕性的同时辩证地看待教育游戏化的融合倾向。

元宇宙发展还处于初期。就当前情况而言，沙盒游戏Minecraft（《我的世界》）实际上就是一个逢勃发展的元宇宙，该游戏与教育业的融合已经从几年前就开始了。

在 Minecraft 中，玩家可以利用游戏中提供的物件制造出自己独创的东西。这类游戏也许是最灵活和最具可塑性的游戏了，玩家们可以随意发挥，这就为其平台与其他产业的融合创造了条件，以 Minecraft 架构为基础，几乎能满足任何课程的教学目标。2016 年，Minecraft 发售教育版，该版本主要是和中国合作，赋能中国教育，为中国教育行业提供一个更好的服务学习平台。

教育版的 Minecraft 包含了数百节、数个学科的课程，功能上涵盖课堂模式、化学功能和编程学习功能，课堂模式支持教师控制内容，与学生实现互动共享；化学功能能够直观呈现原子结构，自由创造化合物并且进行实验及材料分解。甚至一些不存在于现实自然的元素，也可以凭借想象构造出来；编程学习功能能够让学生在游戏中实现学习，能够控制代理机器人让机器人代替完成工作。整体而言，与现实世界的学习有很多的重合，但是其中完全杂糅着自主创造发明以及游戏化的元素。另外，从教育工作者的角度而言，"我的 Minecraft 之旅"包括一个"第一笔记"（OneNote）笔记本，帮助教育工作者了解从游戏安装到成长为专业游戏指导者的所有信息。其中包含多人模式的课程、课堂模式，也会引导教师如何去编写原创的课程。

在 Minecraft 架构的元宇宙中，教育有了更多的流通性、娱乐性与社交属性。对于老师和学生来说都有了更多的原创可能性，目前沙盒游戏和教育业的结合还没有普及开来，还处于与机构、政府、学校共同探索的阶段，但是可以预见的是，当教育元宇宙真正发展开来后，就是游戏和教育完全融合时，教育游戏化的进程将打破传统的教育僵局，出现更多的突破性和可能性。

新内容：内容立体延展

教学内容的延展主要包括几个方面：一是资源延展带来的未知内容和危险实验的可实施性升高，二是内容互动带来的可教学内容增长，三是教学物体现实存在的藩篱被打破。

资源延展是元宇宙的特性之一，在元宇宙带来的虚拟世界中，资源涵盖想象和认知中的一切物质，数字资源和自然资源在元宇宙中都进一步得到了延展。

首先就数字资源来说，从数据的展现形势来看，电子期刊、图书、网页等形成多元统一，信息内容的聚合式呈现以及内容精准化投送，使得信息内容的获取更为便捷。按照传播的范围来看，物联网时代，一切物体都能成为信息传播的工具，信息的来源得以扩展的同时，信息的传播分发也进一步得到延伸，穿戴式设备或者意识，都能成为联通虚拟和现实的路径渠道，内容的传送范围和传送形式得到进一步的延展。按照存储来看，以云计算和区块链为基础的技术架构，使得分散式的存储，去中心化的存储发挥了更大的价值，每一个行为和内容都有记录依据，内容的存储规模大大增加，提供了一个更为庞大的数据内容生态。从资源提供者来看，数字资源可以划分为商业化资源和非商业化资源，前者包括以商业化提供的电子数据资源，包括电子书、数据库使用权等，如中国的数据期刊网站、艾斯维尔（Elsevier）公司的SDOS等。

非商业性的数据资源主要由政府或者机构提供，比如中国的各种部门统计数据等，元宇宙的到来带来商业资源的进一步开放和非商业内容的聚合性增强。就商业内容而言，更多的内容有免费获取的可能性，就非商业内容而言，不同部门能够更好地将数据聚合统一，实现数据的相互印证，更便于社会治理问题的发现和规范。但是与此同时，这种数据资源的进一步延展带来的也是社会中数字资源的地位改变，更多的内容依托数据为载体，成为存在的根本，成为生存和内容寄托的基础，人类真正地实现数字化的生存。

现实生活中，很多自然资源开采、研发，尤其是对于生物方面的研究教学，都需要实际性的资源进行参与。尤其对于生物资源来说，生物资源虽然可再生，但是对于珍稀濒危的动物的保护研究，以及对野生动物的观察保护都存在着一定的影响性甚至危害性，这种情况下，虚拟空间对于资源的虚拟能够缓解资源稀缺的矛盾。另外，自然资源的延展也包括各种现实生活中存在的物质的研究能够进一步具化细化，现实自然资源不需要实际性的产生消耗，就能得到更为精确细微的研究结果。

因此，对于林地土地等的规划研究、土地利用类型分析以及改造可能性实际上都可以在元宇宙的范围中实验进行。另外，对于土地分布不均问题的划分研究也都能在元宇宙中展开，通过行之有效的规划实验取得成果后再实际性地践行于现实生活中，一定程度上能够对林地土地保护利用相关的研究产生积极有利的影响。

此外，在传统教学工作中，教学内容是相对独立的，从在文献检索网站以"内容改革"为主题的文献进行检索后就可以发现，各个专业的内容改革独立存在，与其他专业的内容关联性极低，内容之间的交互联系很弱。从某种程度上来说，元宇宙带来的内容延展是内容之间的关联交互带来的。目前，现实教育中有很多交叉学科产生，比如新闻传播学。在元宇宙中，知识结构和体系打破了原有的平面性脉络，形成立体交叉式的结构，这种交叉结构的产生必然会带来内容的交叉研究以及新的研究方向和研究内容的产生，这为现实世界的知识体系带来新的结构和新的方向。这种内容上的延伸具有一定的现实意义。

共创、共治和共享是元宇宙的基本价值观，其核心特征是数字化创造，用户创作是元宇宙存在、发展以及迭代更新的根本动力。元宇宙为个体创造活动提供了个性化空间、自创工具以及智能会话等功能，因此在元宇宙中，是以想象力为基础的创作逻辑，这种逻辑打破了物体必须是现实世界存在的固定认知。

戴维·赫斯特内斯（David Hestenes）教授致力于倡导模型教学，提倡"三个世界，三种模型"理论，他认为世界一是真实世界，世界二是心智世界，而世界三是概念世界，真实世界就是我们现在所处的现实世界，概念世界透过技术的革命性发展将逐步构建起元宇宙，心智世界就是我们此处探讨的"心世界"。真实世界对应的是真实事物和过程的存在和生成，心智世界对应的是心智模型，其中包含的是主观的个人知识，体现在神经网络之中，而概念世界对应的是概念模型，概念模型是客观存在的科学知识，是符号编码。

三个世界的关系如图 4-6 所示：

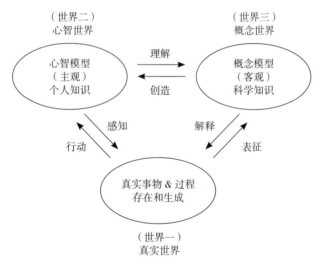

图 4-6　三个世界，三种模型

现实世界对应的知识、技术等以及科学原理的掌握，都能够应用于元宇宙的构建，还能反作用于人的心智世界。

元宇宙是脑力的延伸，是能将想象付诸现实的世界。在元宇宙中，能够真正实现想象大于事实，心智模型大于真实世界的情况。例如本·诺兰（Ben Nolan），2018 年中期创造的房地产平台：

平台是一个基于以太坊区块链的元世界和虚拟世界。在平台中，玩家没有任何目标任务，可以随心所欲。任何人都能够自由进入并且利用自己的想象力和技巧建构建筑，加工艺术品。对于艺术生以及建筑设计相关的从业人员和学生而言，这是一个充满可能性的虚拟平台。

在平台中，利用想象力和动手能力以及艺术设计感，一切都有可能被创造出来，不仅包括现实世界中存在的高楼、艺术、画作，甚至超出现实范围的物体，反重力的上下对称性建筑，欧洲建筑和亚洲建筑的融合设计，古风庭院楼阁穿插在高楼大厦之间，石器时代和太空时代的并存，这是建筑设计者和艺术家们自由发挥想象力的空间，虽然有一定的审美混乱的担忧存在，但是这种虚拟空间的存在带来的影响，尤其是对于从事艺术方面工作的人的影响，更多是正面积极的，对于观赏者来说，更是赏心悦目并且能够打开思路的。

平台本身就如同一个巨大的展馆，那些用心建造者创作的场馆，就像一幅幅精美的 3D 艺术品，在展馆中陈列着。任何进入平台世界的人都能够 360° 全景欣赏艺术品，甚至能够飞身上天，穿梭在建筑旁边或者以无人机的俯瞰视角来观赏。

近些年来，我国教育体系一直致力于打破刻板教学，拒绝单纯知识的灌输传授，提倡知识和素养的综合发展。可以预见的是，元宇宙虚拟空间的存在带来的内容创意和无限延展，是为孩子们的想象力插上翅膀的最好途径。

第二节　元宇宙教育业的突破性

元宇宙的"场景"时代变迁对社会教育的发展有着至关重要的影响。社会教育的概念主体指的是没有年龄、阶层、文化身份的普罗大众，随着我国对社会教育的重视，图书馆、文化馆、博物馆等文化机构以及广播电台、电视等媒体都成了提高广大群众和青少年的思想水平和科学觉悟的实施机构，用以开展文艺性的活动展示，普及科学文化知识。以"场景"为基础的时代的到来，使得这些机构与人的联系进一步紧密，这些平台也达到了现实中服务类平台的标准，能够根据用户的各种场景化应用进行相关信息内容的推送，得到受众更高的认同度，从而促进受众学习和对相关服务文化机构应用的积极性。

时代改变：基于"场景"的教育模式

随着以智能终端技术和虚拟现实技术为接口的普遍性发展，用户的生存逻辑开始产生变革，数据铺天盖地包围着每一个消费者、每一个受众群体、每一个学习者，他们都成为被数据包裹的、数据化的人。在庞大的数字基础上，更多的信息和服务开始基于"场景"实现，这种"场景"主要指的就是行为心理的软要素需求，企业、政府、学校等机构根据LBS定位服务（Location Based Service，LBS），在线下布局"传感设备"，用户携带终端与"传感设备"相互感应，推动用户进入场景中，使得场景成为信息、关系与服务的新入口。

元宇宙的布局则是这种场景入口的最新发展样态。一方面，LBS系统助推虚拟世界和现实世界的统一化，某种程度上，"缺席的在场"和"在场的缺席"概念开始逐渐统一，在场性成了必然。随着"传感设备"的普及发展，虚拟现实的XR技术逐渐普及，人们在虚拟与现实空间之间穿梭的自由度达到了新的高度，虚实空间的衔接更为紧密，我们从技术与信息数字为基础的时代，进入了以场景为基础的时代。而这个时代的特征是，人们永远是具身在线的。

另一方面，"空间"硬要素和用户行为心理的软要素形成高度统一。此前基于场景的服务中，主要是以线下场景为基础，而在元宇宙搭建的虚拟现实共存共荣的框架中，空间成了重要的因素，用户能够以在场的状态参与到任何的实践、体验、服务当中，空间和以数据分析为基础的用户行为心理达到高度的统一。

这种以"场景"为核心的新时代发展脉络带来的影响是方方面面的，覆盖着各个行业的发展，教育业也不例外。

　　实际上，在当前社会中，社会教育机构的推送和内容基础都是以共性化场景为基础的，随着元宇宙的到来，从共性化实现个性化是一个必然性的过程。这也就意味着，元宇宙中的社会教育将会进一步迈入个性化场景，让共性化的机构能够提供更为个性化的适配内容和服务，从而实现社会教育的更高层次，更为个性化、适配性的发展。

　　就学校教育而言，元宇宙带来的场景化时代对学校教育也有着颠覆性的发展。实际上是把教育业转变成为服务业的思路。在学校教育之中，共性化场景的发展空间更为广阔，利用 MR 技术，混合现实学习环境（Mixed Reality Learning Environments，MRLE）被普遍应用到各学科教学当中。在元宇宙中，虚空在线的互动与现实的互动可以同步，也可以不同步，二者即使产生偏差，但是虚拟空间中的学生永远是在场的，其中的互动永远是具身化的。

　　此前，受新冠疫情影响，学校教育面临着诸多的挑战，不同区域学生的隔离、返校以及考试都给授课带来极大的难题，在元宇宙的具身场景架构下，学生利用 MR 设备进入共同性的空间，接受共同的指导，这种元宇宙的应用与现实教育相结合，对于现场教学和由于空间缘故无法统一的学生有着巨大的作用。此外，场景的最终目标是提供特定场景下的适配信息和服务，对于在校学生而言，一方面学校作为机构、作为信息的收集者，能够为学生提供相对应、更为细节适配的学习服务，另一方面也能根据学生的意愿提供更为合理的规划路径。此外，还能够根据学生需求提供更为合适的生活服务。对于相关信息的收集和聚合推送能力，也在元宇宙场域下得到了相对平等的发展，使得处于不同地域的学校、教育机构能够提供学生相对更为平等的适配性教学服务。

家庭教育具有早期性、连续性、及时性等特点，其中及时性是影响家庭教育的一大因素。由于不同的孩子和受教育者拥有不同的特性，在产生问题时如何及时发现问题，并同时发现正确的教育路径，是当代家庭教育面临的一大困境。另一方面，在父母渲染的家庭氛围之下，场景是极为重要的塑造孩子性格、良好行为的要素，在这种环境下，家长如何利用工具，将家庭氛围与孩子的行为心理更好结合，从而引导孩子向着正确价值观方向十分重要。从这两方面来看，教育元宇宙所带来的教育场景化时代，能够对家庭教育的提升起到一定的效果。

实际上，家庭教育是绝对个性化的场景，根据受教育者的实时需求以及生活习惯，家长需要及时调整教育方式、教育目的等，这也意味着需要家长能够对孩子行为习惯、心理状态的产生有更为深刻的了解。在元宇宙中，孩子的行为习惯可以通过 AI 进行记录、追踪以及分析，家长则能够及时利用数据及数据的分析结果进行更为合理的判断和行为决策。同时，在教育元宇宙场景下，孩子因为处于较为自由开放的环境之下，所以沟通交流更为自由平等，相比较而言，更容易使家长与孩子产生平等的交流，从而为更好的亲子互动和教育引导提供帮助。

形式转变：从现实到虚实融生

传播技术的发展催促着教育业的进步，教育形式的改变并不是在元宇宙概念诞生后才开始的，而是由来已久。如远程教育这一术语便起源于 1892 年美国威斯康星大学（University of Wisconsin），溯源早期的远程教育，美国函授教育自 20 世纪 30 年代开始就有通过录音机进行远程授课的实例，20 世纪 50 年代开始出现用电视台播出课程，学员通过电视进行远程学习等，但是这种学习也都只是利用传播工具，对现实地理位置进行一定的延伸。20 世纪末，随着计算机网络的发展，利用计算机进行网络教育开始兴起。

网络远程在线教育形式在中国的兴起起源于 20 世纪 90 年代末，在这一阶段，中国在线教育开始缓慢起步，当时中国互联网仍然处于 Web1.0 阶段，信息的浏览主要是以书本形式为主。

2012 年，美国三大 MOOC 平台取得大规模融资，对线上教育的发展产生了巨大的促进，这三大平台分别为 3 名学者共同创办的线上大学优达学城（Udacity）、斯坦福 2 名大学计算机教授合伙创办的免费公开课平台课程家（Coursera），以及美国麻省理工学院和哈佛大学合作推出的非营利性大型免费公开课程 edX。国外 MOOC 平台的风靡冲击着国内市场，国内最先重视线上教育行业的是互联网巨头公司腾讯、百度、网易等，数以百计的新兴互联网教育企业开始进入这个市场。中国首批 MOOC 平台，如 MOOC 中国、中国大学 MOOC 等开始兴起，清华大学创办的 MOOC 平台——学堂在线也获得了多轮融资，中国互联网教育迎来了热潮。在这一阶段，中国的教育向着在线形式开始真正实现迁移转变，线上线下共存的教育模式兴起。

在线教育的浪潮和互联网的浪潮同步推进。自 2012 年年底至 2013 年年初，随着互联网浪潮的崛起，中国国内相关行业对于营利性的在线教育模式的兴趣空前高涨，各类搜题软件、题库、一对一培训层出不穷，腾讯、网易等互联网巨头扎根布局在线教育行业。2013 年底，腾讯推出 QQ 群教学模式；2014 年，腾讯上线精品课以及在线教学平台。阿里巴巴推出淘宝教育、阿里师生等教育信息化产品，百度推出中小学垂直产品——百度高考及在线教学平台百度传课，并且整合题库、问答、百科等教育资源，大力推进百度教育。

"双减"政策实施阶段，教育部组织专业团队建立了线上学科类校外培训机构日常巡查制度，开展全面常态巡查。很多教育企业暂停了义务教育阶段的在线教育业务。值得关注的是，许多企业开始转向对学习设备、教育信息化等方面的关注。

实际上，在线教育企业的断臂求生是当前市场不符合培养目标的结果，但是元宇宙所带来的虚实共生的教育形式与这种线上教育形式有着相同点，也有着不同点。相同点在于，线上教育的形式打破了物理空间和时间的距离，使得教育能够跨越时空的距离触达受教育者，受教育者通过数字化的身份能够实现内容获取。不同点在于，当前大多数的线上教育是营利性的机构，教育内容多为补课性质或者附加性质的课程，这就使得学生的课堂生活还是以课下教育为主，课外生活则被在线教育所覆盖。

一定程度上来说，在线教育取得了更为广泛的认同，是因为在线教育走进了教育体系之中，成了日常课堂教育的一部分，其跨越时空的特性提升了学生受教育的可能性。但是从形式上来说，整体而言，在线教育的形式还是以平面信息为主的，从早期的以录音机形式进行远程教学，再到图文形式进行教学，虽然后期互联网时代出现了"三分屏"形式的网络视频课件，但是整体的线上教育形式是平面的，是平面信息进行交互的，真实世界与线上的映射关系并不强烈，只是单纯内容空间和时间上的跨越与转变。

在教育元宇宙中，虚拟世界的完善与真实世界的完善达成同步统一性，并同时作用于心理，通过数字化实现对真实主体的生理存在、文化存在、心理和精神存在的映射化配置，进而在教育元宇宙中形成现实身份的镜像化身。与传统的在线教育形式相比较，这种立体式的交互存在于个体之间，是更为真实立体的，能够从各个维度丰富教育过程中的交互形式与内容。

以化学或生物等实验为例，学习者在不脱离当时的学习场景的同时，能够通过虚拟设备进入虚拟空间，在虚拟空间中进行实践操作，同时能够听从现场老师的指导和建议。以美术、音乐等艺术门类为例，在学生立体式欣赏虚拟空间的画作，全方位沉浸式观赏钻研时，老师讲解的声音从现实空间传来，学生同时接受着现实空间的听觉提醒以及虚拟空间的视觉刺激。此外，嗅觉、触觉甚至味觉都可以实现虚拟世界和真实世界的边界隔阂打破，让不同的感觉器官在双重空间中同时起作用，使学生受教育时达到虚拟世界和现实世界同时存在。这是一种双重维度的交互相融合的新场景，在为学生的学习提供便捷的同时，也提高了学习的效率。

此外，除现实世界的语言表情触觉等交互外，通过脑机接口技术，情感的传达和思维的传达都可以进行数据化的分析与共享，与老师和其他同学在教育元宇宙的虚拟世界中进行交互时，多重感官的交互式体验和数据化的智能支撑，将会带来更为生动的内容分享与学习体验，这是当前的线上平面式教育所赋予不了的新形式和新价值。某种意义上，这种虚实融生的教育形式超越的不仅是物理上的时空，打破的也是感官互动的局限，学习者将不再被平台或者通信软件所限制，不再受制于软件的规则和有限性的文字互动，而是将虚拟空间和现实世界有机叠加，从而让"现实真身"通过教育元宇宙的多种技术支撑，实现教育活动中的沉浸式、立体式交互效果。

对象转变：受众范围延展

"双减"政策推出之后，针对基础教育阶段做培训行业的企业和机构大幅度缩减，更多的企业开始偏向于教育设备产业、大学教育阶段以及在职教育的培训工作。但是，这并不意味着在线教育机构将受众重心从基础教育阶段的学生转移开来了，就互联网企业而言，他们并没有将视线转移到其他的社会教育或者家庭教育方面，它们开始研究针对基础教育阶段学生所使用的学习工具、设备以及一些特长培养方案的内容，比如为绘画、音乐、朗诵、舞蹈、书法、科技等个性化需求提供教育培训。

教育元宇宙的发展使得教育行业在全社会范围内的受众面扩展。一方面，在教育元宇宙中，只要拥有智能设备接口的用户皆可以接入，只要有教育相关需求就能进场，相较传统教育的学校入学门槛以及在线教育产品根据年龄段、收入水平等设置的分众化门槛而言，元宇宙的开放性远远超过前两者，只要是对相关内容感兴趣的受众，皆可以在元宇宙中成为受教育者。另一方面，教育元宇宙所带来的中心化的消解，使得教育者和受教育者之间的分界更为模糊，更为重要的则是生产概念的互换。在去中心化、全民共建教育社区的想象之下，人人可以成为教育者，人人也都可以成为被教育者，不同行业与不同年龄段均可以进行教育内容的制作、输出与输入，而所创造的内容变现和提供价值的途径越多，社会上可供购买的、具有价值的知识内容就越多，形成全民参与教育活动的良性循环。在这种环境下，教育的边界产生进一步的开放，人人都可以成为元宇宙的受教育人群。

评价体系转变：单一转向立体

评价体系的转变不仅是指学生对教师评价体系的转变，更是指教师和社会对于学生的评价体系产生立体化的转变。

在未来，教育元宇宙可以让教育与社会发展中的问题变得数字化、可视化，学生对于教师的评判以及教师的行为言论都监控在更为科学的空间之下，这使得制定科学的评价标准也更为可行。学生对于教师的反馈一方面可以依托于课堂教学后的主观评判，另一方面可以依靠区块链上的数据记录与科学评判机制的对比，在算法和人工的双重标准下，形成一个更为合理化、数字化、也更为公正化的评价结果，也能在一定程度上，对教育体系内的治理起到推动作用。在多重评判体系和可溯源的教育行为标准化记录下，教师的质量能够更合理地被划分开来，教育体系也将更加透明化。

随着以区块链技术为底层基础的元宇宙与教育业的结合发展，教师的个人成绩、教学成果更容易被记录在去中心储存系统中，对于教师的教学评价数据分析、教学成绩分析更加容易。通过对教师往期业绩的数据评分，结合学生、学校、家长对于老师综合素质的评判，整体的评判标准也更加偏向于客观、公正。

实际上，当前世界的教育业已经发展到了更为融合、更为统一的阶段，综合教育质量应该放在更为重要的地位。元宇宙的到来让世界教育一体化的趋势更加明显，也让教育质量发展成为更为核心的评价要素，元宇宙的进一步开放性和具身性带来一定的教育资源边界的突破，也让评价国家教育质量和能力的标准更为明晰。当元宇宙带来的开放教育体系到来，不是意味着教育没有边界划分，而是这种教育全球化的趋势进一步加强。当摆脱了不公平的经济发展所带来的束缚的时候，也是全球优质化教育理念在我国取得更好的发展和融合的时候。元宇宙中对于机构、国家、区域的评价将会更加趋于公正，更加趋于学生中心，更加适应学生个性化发展的需要，从而得到更为公平的评价结果，这也是我们未来可以期待的新格局以及新图景。

第五章

教育元宇宙的场景应用入口

你渐渐回神，看向手边的地图。那里标记着一个个场景，大大地开拓了你的眼界。

你看着面前或走或跑的用户们，每个人的皮肤颜色不一、长相不一，你不知他们在现实生活中是怎样的人。你们在不同的场景中相遇，穿过历史交叠的光影，在时空长河中学习，你们在这虚实相生的教育领域给予了所有学习者公平与尊重。

在这里的生态构建中，全息数字人的全面应用为你们带来了学习的便利。你将自己与世界融合，仿佛只是穿梭在历史中的一叶小舟，但又仿佛无处不在。你终于明白前人对于教育的完美构想，也慨叹今人构建这沉浸体验的智慧……

第一节 教育元宇宙产业孪生阶段

教育元宇宙的主要参与者包括老师、学生、管理者等相关人员，通过构建虚拟教学场所或基于真实世界的数字孪生教学场所，支持教学工作在虚拟世界中的开展，并允许师生在虚拟的教学场所进行互动，同时实现教学管理工作的顺利开展。

在 2020 年的疫情防控中，学校教学工作基本转为线上进行。在传统移动网络时代，线上的教学最常见的方式包括直播网课、录制课件。直播网课是对空间距离解放的一种尝试，提供了一种师生不处于同一空间，却能几乎无延迟地进行信息传播的方式，学生也能够以语音或文字的形式与教师形成互动。录制课程则是克服了师生之间的时间距离，老师和学生双方都可以更加灵活地安排自己的时间，可以错时完成课程任务。比起传统的线下教学模式——老师与学生必须同时出现在同一间教室——线上授课明显提升了灵活性。

在教育移动网络线上模式的基础上，教育向元宇宙时代的教育转型将进一步实现在教育方面的虚实融通，从而实现了元宇宙的空间拓展性优势，进而突破了教育中时间和空间的束缚。使学习者随时都能够不受时间地点影响地练习。在授课中可以穿越时间与古人实现一场交流，亲身体验历史社会风云变幻。线上的实践活动也不再受到客观环境条件下的空间限制，只需要元宇宙设备的端口，即使在家里也能进行实地地质考察或是复杂机械操作。

教育领域的元宇宙转型技术可以有效提升课堂效果、提高教学质量。其中元宇宙相关科技更可以高效地协助师生。

下面以虚拟数字人、大数据分析与数字孪生技术的应用构想为例，简要阐述元宇宙转型对教学效率与质量的积极影响。

虚拟数字人技术能够替代部分教师职能，将教师教学中的线上授课、批改作业、常规问题答疑等环节交给虚拟数字人完成。虚拟数字人在判断答案正误、提供常规答疑等方面效率明显高于人类，拥有这样的虚拟助教，教师也可以将注意力更多集中于课程研究、人文关怀等方面，发挥人类创新与情感上的优势。同时，虚拟数字人的长相定制和性格模拟可以更好地与学生的需求匹配，更加符合学生自身的审美、思维模式与记忆习惯，加强教学效果。

在大数据分析的支持下，虚拟数字人可以准确诊断学生的知识体系漏洞，为学生下一步学习任务和学习方向提供个性化方案。智能化评估兼具效率与质量，形成的个性化方案能够更好地辅助学生学习成长。

在数字孪生技术的辅助下，教学模型可以更清晰地呈现，甚至可以让学生在线上体验模拟实验操作的全流程。全息沉浸式教学则可以真正意义上实现身临其境，让学生对社会环境、历史背景等获得更深刻的认知，可达成的教学质量远远优于仅依靠书本上的文字。在生动的呈现下，学生对理论概念的理解将更加清晰，对学习的兴趣得以提高。

同时，教育领域的元宇宙转型有利于启蒙新时代人才成长。在教育领域中，针对幼儿及青少年的基础教育是很重要的一部分，对于下一代的教育事关社会的发展潜力，事关国家与民族的未来和希望。以数字时代为例，"00后""10后"这样的"数字原住民"对于电子产品的运用明显要比从小未经过数字化启蒙的中老年人娴熟。尽管两代人接触到数字化的时间和时长是差不多的，但"数字移民"需要打破原有的思维方式以迎合数字化，若不能适应，便会沦为"数字难民"。而"数字原住民"从小在数字时代中成长，他们非常容易地就接受了数字工具与通信方式。

元宇宙时代也是如此，教育领域的元宇宙转型可以让学生很大限度接触并适应元宇宙的运用，他们将更加顺应时代的发展趋势。在元宇宙背景下成长的这一代人，他们切身体会着元宇宙带来的便捷与存在的隐患，对于元宇宙，他们将拥有更加深刻、独到的见解。而这种见解对于未来是至关重要的，为未来的元宇宙发展提供动力，决定着未来的元宇宙发展方向。新时代的新型人才将运用他们适应元宇宙的思维方式，在理论与实践中改变这个世界。

构建可触达的教育元宇宙

你伸手点向虚空，人体各个骨骼肌肉的构建映入眼帘。你可以选择研究的角度，无论是从各个骨骼的组成方式还是从肌肉的纹理走向，教育元宇宙空间都能够满足你的学术需求。你走近一步，点开人体的面部骨骼，想借此看清各个部分。在你的视线中，人体的各个组成部分呈片状展开，你伸出手，点向头盖骨的位置，冰凉的触感下你看到了相关信息：从基本的数据和所占头部的比例到标准形状再到在人体组织中的作用，你都能够在一瞬间得到。你还能够通过数据获知相关的医学实验和手术中的数据，这都能够帮助你成为一个更好的医科学生，或者只是满足你对于人体的基本了解。

相比于现阶段已经实施的教育模式，在教育元宇宙中你将有机会接触平时难以模拟的零件和实验。可触及的教育体验有助于学习者进行更深入的理解，也能够模拟现实生活中难以实现的实验，以达到增强理解、使学习者熟悉过程的作用。

如表 5-1 所示，教育元宇宙的搭建包括理论架构以及实践运用，实践以理论为基础，同时实践也反哺于理论，其中完成数据收集工作并建立大数据平台是后续研究的基础。大数据平台的建立包括案例整理、课程知识点整理、学生历史数据收集、学生心理偏好测评和学生学习接受度测评。

案例整理包括正面和负面的教学案例，用于归纳形成分析模型，从多个正面案例中分析形成课程与实践的推荐配合比例，从负面案例中分析问题所在，从中构建典型问题模型，为教学模型设计提供参考。案例整理经过专家的总结后，可以形成虚拟数字人的教学风格模板，供学生进行匹配。

课程知识点整理将所有课程标准内容按照知识体系进行梳理，形成知识结构脉络，其中对于每个知识点的整理包括对知识点按照重要程度、难度、对应实操内容进行整理。知识结构脉络体系有助于课程的安排与设置，后面方案形成中会将每个知识点按照学生最适应的方式置入学生的个性化学习方案之中。

表 5-1　教育元宇宙大数据平台

类目	内容
案例整理	正面和负面的教学案例
课程知识点整理	将所有课程标准内容按照知识体系进行梳理，形成知识结构脉络
学生历史数据收集	分析学生过去几年曾经上过的课程、分析上过的课程每一部分所需能力配比，用于对学生职业核心能力的模拟
学生心理偏好测评	包括学生性格分析、学生对于教师类型的偏好分析、对于授课风格的接受偏好分析
学生学习接受度测评	检测学生最适合接受的单次学习时长、学习主动性、学习难易度配比、授课和习题以及实践配比

教育元宇宙系统通过分析学生过去几年曾经上过的课程、分析上过的课程每一部分所需能力配比，即可根据学生在该课程每一部分的学习成绩推算出学生职业核心能力赋值，为模型分析提供数据基础。

学生心理偏好测评包括学生性格分析、学生对于教师类型的偏好分析、对于授课风格的接受偏好分析。学生性格分析可按照指定心理测评题库进行测试，系统对于学生的性格特质、思维习惯进行评估归类。大数据分析将根据学生的归类为学生得出最优授课风格匹配及匹配度，同时参考学生自评意见，得出最终授课风格方案。对于教师外貌风格，学生可按照模板的指导自行设定。

学生学习接受度测评将检测学生最适合接受的单次学习时长、学习主动性、学习难易度配比、授课—习题—实践配比。授课时长结合历史数据得出学生可接受的范围，然后由学生在范围内选定自己认为合理的时长。学习主动性根据学生的历史数据和自评得出，用于在学习过程中采取适当的监督机制。难易度配比和授课—习题—实践配比根据学生历史数据与心理偏好综合得出，力求帮助学生收获最高效率的学习，用最贴合学生学习习惯的内容提高学习效果。

在完成大数据平台的基础上，建立大数据指标模型，评估学生对教学的期望，并利用各指标数据形成针对个人的授课学习方案，定制教师外貌、性格、教学风格和授课中知识难度比例等，形成个人学习方案。后续研究将依据大数据平台中的课程知识点整理，将知识点教学内容按照个人学习方案分配至学生的每一次课程，由虚拟数字人录制授课内容，同时配合与授课内容相关联的课后习题。

在线下实践中，与授课方案配套的还有增强现实技术教程，能够在实操中为学生提供指导，强化巩固知识点，加深学生对模型或操作原理的理解，提升学生学习兴趣。AR 教程结合特定算法，会再次评估学生学习掌握情况，将反馈加入数据库中的学生历史数据指标，进一步调整授课方案。其中，编写结合增强现实技术的教程是一大研究点。

增强现实技术有能力将无法用肉眼看到的抽象概念形象化、可视化，例如曾经有学者利用初中物理中的磁场与磁感线内容做出体感教学软件，通过手势可以与磁场进行实时交互。教程的编写需要充分考虑什么地方需要进行指导、学生需要什么程度的指示以及什么样的交互方式可提升学习积极性。因此，在教程的制作中，需要大量参考教育学家与经验丰富的教师的意见，为学生的实践起到有效的辅助教学作用。

在教学中，结合 AR 眼镜的教程可以在实操之中为学生提供补充信息提示，例如磁场、电流的信息等，可以将现实中遇到的机械设备概念化为经典模型，帮助学生更好地理解并活用。在方案应用中，AR 教程还将拥有自动识别校对功能，纠正实操中的错误操作，在发现错误时会及时向学生发出提醒指导，避免影响后续操作。AR 教程能够更有效地对学生进行个性化指导，对学生精准及科学的指导，减轻老师的工作强度和压力，同时增强学生的学习效率。

教育元宇宙大数据指标模型如表 5-2 所示。

表 5-2　教育元宇宙大数据指标模型

指标种类	指标名称	指标描述
学生历史数据指标	近 2 年各科目阶段性成绩	整理近 2 年学生各科目课程的成绩，根据这些成绩为学生职业核心能力进行赋值
	相关课程成绩	为该科目相关前置课程成绩，将对学生的课程难易度配比产生较大影响
学生职业核心能力指标	交流表达	根据历史数据指标，对学生近几年学过的课程按照所需能力进行赋值，根据学生近 2 年学过的课程中的阶段性成绩评估得出学生的 8 项核心能力指标授课中，将对学生能力指标的短板进行补充，发挥学生优势指标的特长
	数字运算	
	革新创新	
	自我提高	
	与人合作	
	解决问题	
	信息处理	
	外语应用	
学生心理偏好指标	性格特质	性格特质与思维习惯指标评估包括 2 部分，以"字母 + 数值"的形式呈现，其中字母代表性格特质 / 思维习惯类型，数值代表倾向程度
	思维习惯	
	授课风格匹配	根据性格特质与思维习惯两项指标分析得出对应的风格匹配，同样以"字母 + 数值"的形式呈现，字母代表授课风格类型，数值代表倾向程度，会产生 3 组推荐风格

（续表）

指标种类	指标名称	指标描述
学生心理偏好指标	最终确定风格	由学生从授课风格匹配中自选喜欢的授课风格，选择界面将提供详细的授课风格描述和授课风格匹配得出的匹配度，学生可从授课风格匹配得出的 3 个值中选择一个得到最终确定风格
	外貌定制	外貌定制包括脸型、眼睛、身材、衣着等方面的数值，由学生自行定制，系统将记录学生定制的外貌数据，生成虚拟人教师
学生学习接受度指标	单次学习时长范围	根据历史数据指标和心理偏好指标得出适合学生的单次学习时长范围区间
	单次学习时长	学生可在单次学习时长范围区间中自行选定适合自己的时长，得到单次学习时长
	学习主动性	由 2 部分组成，历史数据分析和学生自评各占一部分，共同构成学习主动性数值，用于匹配合适的监督机制
	难易度配比	两者根据历史数据指标和心理偏好指标得出，既要适应学生的学习能力，又要符合学生学习心理预期
	授课 - 习题 - 实践配比	

目前 AR 眼镜还没有得到广泛的推广，其中有一大原因便是长时间佩戴的眩晕感。在集中注意力操作时，能否减少 AR 技术提供的信息对人体的眩晕影响以及减轻视力下降等，是需要

进一步研究攻克的技术难题。

完善虚实融生的教育场域

狭义的虚拟现实课堂，指的是利用计算机、人工智能等现代信息技术把教学、课程等实际事件综合起来，并由此形成一个交互式的人工现实世界，是一个高度真实的"模拟世界"。所谓的虚拟现实教学，即由现代信息技术发达和网络行动广泛所形成的，或包括的所有交流信息、意识、思维和情感活动的全新行动空间，是一个高度动感的虚拟社会生活空间。

传统的教育方式是学生被动地从老师的课程中获取知识，这种方式的弊端是如果学生的主动性、积极性不足，便不能获得好的学习效果，也很难对抽象的知识展开想象。教育内容其实是一直在不断进步的，从单纯的文字到图文结合再到视频，通过形式的变化提升教育内容的表现力和吸引力。不过这些离身临其境的体验内容仍然有一些差距，而临场感强恰恰是 VR 技术得天独厚的优势。

VR 技术让学习者在课堂中具有更强的参与性，给学习者创造了生动、形象、真实的教学环境。这个优点主要来自 VR 技术本身的沉浸感，但传统的教学模式却无法带来这种沉浸感。在利用 VR 技术的教育过程中，学习者具有了更强的参与性，并能够很好地沉浸到整个教学流程中。在 VR 技术对基本原理与方法的掌握，及其对实际问题的主观体验上也有着不错的结果。

目前，VR技术已作为一种用来弥补传统常规教学方法的理想技术，不管在国外还是国内，它在教育领域中的运用均获得了相当不错的效果。

在虚拟课堂环境中进行教学时，学习者将可找到所要求的教材和使用网络的教学资料，而智能老师也将成为虚拟老师经常出现在教学环境中，承担着引导和解惑的重任，指导和帮助学习者获得所要求的教学信息资源，防止出现信息超载和信息资源迷向，并利用网络教学资源解决学习者有关的疑问。在虚拟学习课堂中还可提供虚拟考场。系统设置了自主评卷程序，将考核结果及时反馈给各位学习者，并提供客观评价。在虚拟课程教室中有系统的管理制度，即对所有学习者档案进行集中管理。

过去老师一般按照"翻开书本第几页"的方法开展教学，有了VR操作系统，老师只要通过个人电脑端虚拟操作系统，直接从菜单中选择要介绍的知识点内容，在学生的电脑屏幕上就能产生相应的教学情景。此外，对老师而言，VR操作系统也大大提升了课堂效果。国内外的有关教育研究机构对课堂教学效果的调查结果表明，单一或二维媒介的教学方法，如利用文本或图像，效果约为10%；复合媒介教育形式，如多媒体，效果大约为30%；沉浸型的教学系统，如VR和AR、全息科技等，效果则达到了70%。

中国互联网教育蓬勃发展，VR科技成为典型的"增效器"。

互联网教育相比传统教育最主要的不足之处是"场景感差"。而VR教学的潜力正是实现沉浸式感受，让网上教学有可以媲美场景教学的临场感。无论是在校园还是在家里，VR科技都是互联网教学补短板的"神器"，是中国互联网教育领域最理想的应用系统选择之一。国内外的部分高校也开始紧随时代脚步，投身这一领域中，其中西安国家虚拟现实技术研发中心便是第一个开始进行VR技术测试的国家研发中心。

弥合教育公平的数字鸿沟

学校内使用了VR科技，将现代的高端科技与传统教育融合，学员可以使用VR科技打造VR学校场景，给学生带来更高品质的服务，也能与更多优秀的学校进行交流。而VR系统也会制造出虚幻的自然环境和人物，使学员身临其境，与此同时老师也能够在这个VR教育环境中和学员进行交流，并且取得良好的教育效果。在VR教育环境中，学员可以被充分调动，使用互联网进行教学活动，能够使众多学员一起完成观测和运算，有效训练学习者的综合能力。

VR技术给了职业教育更多实训的机会。实训过程基地，是对职业院校进行实践实训教育、训练学生应用职业技能的必要场所。更多职业院校正在加强实训过程基地的投资与建造力度。实训过程基地建造成本高昂、周期长、后期设施维修与更换又必须持续追加投入，而"VR+职业教学"不但能够节省时间与资金，还能节约投资和维修成本。

在职业教学过程中，VR 技术能够恰如其分地展现某些复杂的、抽象的、人们不能直观看到的自然过程与现状，如安全事故模拟、医疗手术演练、深海钻探作业等，在培训过程中能够全方位、多角度地呈现训练内容。

同时，使用 VR 技术还能够虚拟各种角色，工作人员能够和虚拟的老师、学员进行互动交流，从视、听、触等感觉到外界的反应。这种交互性的设计能够提高对课程的兴趣，并调动学生对学习的兴致与激情，因此尤为新生代学生所喜爱。VR 技术突破时间局限，学习者能够在各个时段和场所开展集中训练，从而迅速获取训练成果，加以评价与提升。而针对异地学习者，则能够利用 VR 技术实现同步参与训练。同时，受训者能够按照自己的时间进行反复训练，这大大增加了训练时间。

如医疗领域，虚拟仿真技术可以还原逼真的临床实训场景。护士在护理虚拟仿真实训平台中学习的时候，如同进入真实的临床护理情景，和病人对话并按流程进行护理操作。学生不仅能学习到规范的护理操作技能，还能练习如何与病人沟通交流，提前适应临床环境。

VR 安全课程可以利用虚拟现实技术高度还原真实灾害场景，解决在现实教学中无法实现的真实灾害重演。展示、技能学习缺乏高频模拟练习，学生们在面对灾害时缺乏直观感受，理论知识足够但技能掌握不足。VR 安全教育课程的创新在于，最大限度地调动了学生学习理论知识的积极性，实现安全知识学习由填鸭式向自发式的转变；利用 VR 技术"身临其境""以假乱真"的特点，充分模拟火灾、地震、水灾等自然灾害的真实场景，让学生们置身"真实"的灾害场景中，第一时间感受到灾害的可怕，对自然抱有敬畏之心，做到让自己不轻易涉险。而对于一些必要的避险动作和急救技能，VR 还能够提供重复的练习并进行评价，帮助学生达成较高的技能熟练度，养成良好的安全习惯，保障学生在面临真正的灾害时，自然而然地做出身体反应，避免受到侵害。

打造因材施教的多元教育

在教育领域，VR 作为教育信息化的重要技术手段被国家高度重视，2018 年工业和信息化部在《关于加快推进虚拟现实产业发展的指导意见》中提到，要推进虚拟现实技术在教育中的应用，构建虚拟现实教育教学环境，发展虚拟备课、虚拟授课、虚拟考试等教育教学新方法。

面对行业、企业的急迫需求，政府各部门适时响应，启动了人才培养的各类举措。如表 5-3 所示，根据《普通高等学校本科专业目录（2020 年版）》，最新版的本科专业目录已将 2019 年新增设的虚拟现实技术专业纳入其中。

市场上对数字科技领域从业人员需求量很大，需要大批的高层次、综合性 VR 技术技能人才支持，而由于中国高等院校的 VR 人才教学领域才刚刚开始兴起，而 VR 专业人才相对紧缺的短板问题突出，严重制约了各产业企业利用 VR 技术的赋能性进行增值增效，全社会迫切需要提升对 VR 专业技能的教育、实训水平。

表 5-3　VR 行业相关政策

时间	内容
2020 年	根据《普通高等学校本科专业目录（2020 年版）》，最新版的本科专业目录已将 2019 年新增设的虚拟现实技术专业纳入其中
	教育部公示的第 3 批职业教育培训评价组织和职业技能等级证书名单中，VR "1+X" 职业技能等级证书名列其中
	人力资源和社会保障部与市场监管总局、国家统计局联合向社会发布了 16 个新职业，其中包括虚拟现实工程技术人员

利用 VR 技术，赋予每一位学习者 VR 教学内容与生成能力，从而实现学习者与教师可以独立完成课程结构与教学设计，利用 VR 课程赋能平台，从而可以从知识、实际技术、科学思维、文化素质、职业技能等方面全面教育与锻炼，进而形成良性的教学生态，从而培训出高素质的技术人才。全新的教育科技，将给予人们全新的教学思维。现实、交互、情景化教学的特性，是 VR 科技最独特的吸引力所在。而融合了益智游戏、场景化教学、协作式教学、远程教育等诸多特点的 VR 的全新科技，将

会攻克许多过去无法破解的教学问题，使人们体验到更完善的、全方位的教学。

第二节　教育元宇宙生态阶段

目前各领域的元宇宙都已经展开布局，预备向未来的社会形态转型，教育元宇宙也不例外。近年来，国家出台多项政策保障教育元宇宙发展，新冠疫情期间实施的网课常态化也加快了线上线下融合教学的落地。

在教育元宇宙的发展浪潮之中，紧跟时代脚步、提前部署转型可以在未来市场中做出更充足的准备，抢占战略先机。教育元宇宙的布局影响深远，是新一代人才成长的重要保障，因此落实教育元宇宙的意义重大。在教育领域，目前可能的元宇宙相关技术应用有虚拟数字人、数字孪生、AR 技术、虚拟会议场景、全息沉浸式交互平台等。

虚拟数字人可实现线上授课、交互互动、批改作业、提问答疑等功能，虚拟数字人教师可根据学生的偏好、学习习惯定制长相、性格与授课风格，个性化的授课有助于更精确针对学生学习特点，助力学生学习与成长。数字孪生技术将课堂知识相关的实物在虚拟空间中进行等比例还原。学生可以在线上360° 全景观摩实物模型，以各种角度观察实物的每一个细节。AR 技术可运用于线下的实践环节，学生在实践环节中可佩戴

AR眼镜，进行知识点回顾、操作提示、补充延伸等相关操作，AR配套教程将在实践中针对每一名学生的进度提供个性化的指导建议。

虚拟会议场景目前已有一定程度的应用，人们可操控虚拟角色进入虚拟共享空间，在这个空间中，会议将不受空间、地点、距离的限制，还可以结合数字孪生技术让实物的虚拟模型随时复制于虚拟会议场景。在教学中，该技术可以用于线上授课，保证教学内容精确传达、师生进行有效交互。

在虚拟会议场景的基础上加入全息沉浸技术，可打造全息沉浸式交互平台。这样的平台将大幅增强学生对于理论知识的兴趣，将书面上枯燥的文字描述转化为仿真地理环境、社会历史场景、物理化学实验等，可以让学生身临其境体会需要掌握的知识点。在平台上的实践操作中，可以模拟知识应用场景，在更为真实的虚拟工作场所中加强学生的实操能力，在资源条件受限的情况下尽可能为学生营造最高效的实操环境。

从长远来看，还有脑机接口技术的应用，知识技能的传导将像计算机文件传输一样快捷简便。目前以猪脑为实验对象，猪脑产生信息已可以被实时读取，人脑信息被读取在未来也是极可能付诸现实的。当然，真正实现还需要很长时间，要先解决一系列技术与伦理问题。就目前而言，在技术、资金允许的情况下，较为容易实现的是虚拟数字人、数字孪生、虚拟会议场景和 AR 技术。因时间与资金有限，本书的研究主要针对大数据算法、虚拟数字人与 AR 技术展开，力求在实践中创新教育元宇宙成果。

全息数字人全面应用

虚拟人并非新鲜事物。早在 20 世纪 80 年代，就有人尝试在现实世界中引入虚拟人。21 世纪初，随着 CG 技术、动作捕捉技术的革新，日本开发了一款虚拟人"初音未来"，是使用全息投影技术举办演唱会的虚拟偶像，在商业领域取得了现象级的成功。但是，这一阶段的虚拟人不仅呈现形式粗糙，成本也比较高。

近年来，由于新一代人工智能科技取得重大突破，一众虚拟人如雨后春笋般涌现。相较于初代虚拟人，这些虚拟人的外形不仅达到了写实级的逼真程度，还具备了情感表达、沟通交流等能力，如图 5-1 所示。

火热现象也体现在资本市场。虚拟偶像赛道已经发生了几十起投融资事件，已公开的投融资总金额超过 3.8 亿元。字节跳动、网易等企业纷纷入局虚拟人市场。资讯企业量子位发布的《虚拟数字人深度产业报告》显示，到 2030 年，我国虚拟人整体市场规模将达到 2700 亿元。随着 AI、5G、VR 等技术的进一步成熟，虚拟人作为用户与虚拟世界的重要交互载体，将会获得更多资本的青睐，也将在更丰富的场景中应用落地。

图 5-1　虚拟人全面仿真

　　作为元宇宙产业版图中的重要环节，传统教育向元宇宙教育转型成为重要的未来发展趋势。传统教育中教师授课具有很大的局限性，部分学生会觉得教师讲授的知识难以吸收，有时不是教师教学水平或学生理解能力的问题，而是教师授课风格与学生心理偏好难以契合。大班授课具有局限性，即使是最优秀的教师也很难应对学生多元化的学习需求。元宇宙教育为教育提供了新的解决路径。在元宇宙教育中，AI 虚拟教师为教育行业而生，专业针对内容制作、在线自习室、师生互动等教育场景需求，可植入平板、学习机等硬件设备，不仅可以降低教学的人力成本，为主讲老师减少负担，还提高了课程的沉浸感和趣味性，给学生带来更好的个性化体验。

虚拟数字人依据智能建模制造，在固定的教学内容基础上应用 AI 技术赋予虚拟数字人不同的性格特征，为虚拟数字教师带来丰富的教学风格，打造适合不同类型学生的个性化授课。在指数模型分析之下，学生的心理偏好可以直接对应不同的授课风格，最大程度激发学生的学习潜力。

在制作虚拟数字人时，数据库会收录大量教学案例，专家根据案例总结形成不同的授课风格模板。学生根据心理偏好测试和自身学习的历史数据，得出匹配度最高的 3 组授课风格，在学生选择最满意的一组之后，自行定制虚拟数字人教师的外观与声音，教学方案得以确定。根据学生的学习基础，学生学习难度、授课—习题—实践配比、学习新知—巩固旧学的比重均会有所差异。

其中，虚拟数字人需要建模并定制外观、声音，需要驱动程序赋予不同的性格，在此基础上才得以形成多样化的授课风格，这些均是重要的研究点。不同学习者在每门学科上花费的时间、消耗的精力，或者学习的路径都不一样，教育者更要因材施教，帮助学习者提升，去向优秀迈进。不同学科能力侧重点不同，文科与理工科的思维模式也有所差异。在大学教育中，如法学、经济学、文学等，其间的差别也将面临"隔行如隔山"的状况，针对不同年龄段、不同学科的特点均不一样，因此需要结合学科具体情况来开展教学。

在幼儿教育领域，孩子们从小看童话绘本、动画片，卡通人物就是孩子们的平面朋友，如图 5-2 所示，通过技术形式可以把孩子们的朋友从二维的变成三维的，成为对于孩子们来说更加真实的小伙伴。在不断地变化更新中内容及 IP 的运营已然非常成熟，以孩子和家长为主的用户市场需求长期存在。新一代可实时操控的少儿虚拟形象，基于传统动画中卡通形象的技术跨越。一方面，实时互动给了孩子们更多惊喜妙趣；另一方面，从长期成本来计，相较于传统渲染制作的动画生产模式而言，可实时操控的少儿虚拟角色模式大大降低了以卡通人物为主的动画短片的制作成本。

图 5-2　平面卡通形象的虚拟立体化

未来虚拟人或可替代真人，广泛用于教育教学和培训活动。如表 5-4 所示，教学类虚拟人已经应用在实践中。

表 5-4　教学类虚拟人案例

时间	内容
2018 年	新西兰奥克兰市的小学生们迎来了首位数字虚拟教师
2021 年	好未来 AI 研究院推出自主研发的首位虚拟教师阿远
	清华大学计算机系、北京智源研究院、智谱 AI 和小冰公司联合培养出了我国首个原创虚拟学生"华智冰"

　　5G 时代的到来将助力虚拟人市场进入一个发展新阶段，而 C 端（Consumer）用户行为模式与习惯为虚拟人发酵提供更广袤的形式沃土与多元的商业机会模式。线上娱乐、在线学习、在线消费等多个领域都有虚拟人发挥的契机与空间。虚拟人当前已从小众文化变为大众生活的一部分，虚拟偶像也不再只是年轻人的小众元素，它正越来越多地出现在大家生活、娱乐、学习的多场景中，为用户提供娱乐向、内容向、服务向以及智能化技术结合向的各种价值。

第六章

教育元宇宙的行业建构

你点开操作面板中的地图，静静地扫过每一个机构。你看到了可以共享教育资源的平台，你曾经在这里分享过你独创的经验，收到了很多人的点赞和激励金币；你看到了制造设备的工厂，你曾在这里接触到前沿的生产动态；你还看到了在现实中你就读的学校，在这里你和伙伴们交流学习，就像坐在教室里一样……

这里的生态不断完善，你逐渐感觉到了归属。整个行业的链条在这里得以串联，你可以清晰地感知到这个全息化的社会逐渐完善，逐渐发展。

弹窗弹出，显示了你接下来要上课的时间和地点。你抽回思绪，点击了学校，导航引导你向你的教室走去……

教育元宇宙的行业图景是由不同主体共同参与建构的。其中，由政府统领协调，推进教育元宇宙发展，对其细则和发展方向进行整合；由行业对教育向元宇宙转型提供支撑，通过行业层面的整合推进教育在元宇宙中发展，保障基础教育和多重教育的推行；整合各办学模式，其中包括校企合作、高校引导和中外联合办学，通过元宇宙平台使教育元宇宙领域逐渐细化和完整化，促进教育公平的实现，进一步丰富教育图景，使其覆盖率高、体验性强，从而在元宇宙中实现全领域的建构。

第一节　政府统领，统筹行业发展

作为教育元宇宙在元宇宙中的重要指导，政府在教育的行业建构中起到了重要的引领作用。教育的建设关乎民生和社会发展，这也决定了政府需要在最高层面对其进行统筹。根据用户年龄段的差异，可将教育行业分为学前教育阶段、义务教育阶段、高等教育阶段、职业教育阶段和终身教育行业阶段。多种教育模式均在相关的政策驱动下向科技迈进，对科技的重视进一步推进教育与信息科技的结合，从而在不同年龄段的受教育者身上都能产生更好的教育效果。

当前社会的发展处于社会转型期的关键环节，相关民生领域都关乎社会转型大局。在智能化转向和客观环境变化的推动下，由政府对教育行业发展进行统筹是现阶段最有效的、最有利的方式。从最高层面的统筹不仅可以兼顾技术和人文的关系，也能够对部分企业行为予以监管和约束，帮助其更有效地平衡经济收益和社会责任的关系，构建健康的教育元宇宙生态。

政府对教育元宇宙的统筹作用体现在引导和限制两大方面。引导是通过制定行业规则和相关发展战略对教育元宇宙行业的统一规划，通过系统的、科学的发展战略来对教育行业在元宇宙的发展提供方向参考。限制体现在相关政策对相关企业和个人的限制，主要用于划定教育元宇宙发展的边界，是保障行业健康发展的重要环节。在引导和限制的相关政策下，既能保障教育元宇宙按照科学的路径发展，使学习者获得最大程度上的教育体验，又能对行业加以规范，使其降低各路风险，从而保障教育元宇宙生态的健康发展。

学前教育阶段

学前教育阶段包含了从胎教、幼儿教育到幼托机构等各个阶段，学前教育阶段的场景包括幼儿园、社区和家庭等。鉴于幼儿的身心发育情况，早期教育更多出现在家庭环境中，因此家长提供的家庭教育十分关键，与此同时，对于幼儿家长的教育也应当受到关注。幼儿教育中日常接触到的幼儿教师、保育员、卫生保健人员或其他人员，也应当具备相应的教育培养资质，进行相应资格审查，并且加强审核与监督。

近年来"互联网+"的崛起和5G时代的到来，市场各产业之间的互联互通不断加强，加速发展的步伐。相较于传统的学前教育，信息技术变革带来的不单是信息技术的创新迭代，更是质量、理念的几何级数提高。"互联网+"也势必使学前教育的管理更加透明化与公开，而加强信息化时代教学改革将是未来中国学前教育行业的发展趋势。

虚拟现实科技的结合与教育环境，将有助于孩子们更好地了解真实世界，开发创意，培养想象力，同时也很好地链接了当下信息时代的发展。

义务教育阶段

义务教育是中国教育发展进程中的里程碑，是实施"有教无类"教育思想的体现，也是建设中国特色社会主义的重要因素。

据第七次人口普查数据推算，如图 6-1 所示，目前，我国 18 岁以下未成年人约为 2 亿 8 千万（其中，0~14 岁的总人口数约为 2 亿 5 千万）。面对近 3 亿的未成年人，教育行业需求庞大。其中，婴幼儿托育将有 2000 亿的市场规模，中小学生素质教育有 6045 亿的市场规模。

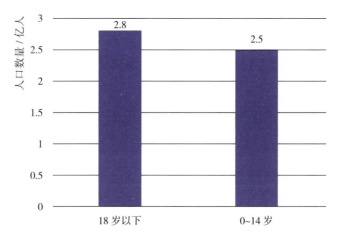

图 6-1　我国未成年人口数量（数据来源：第七次人口普查）

基础教育本身属于必选消费赛道，其中学校板块的政策监管力度较强。《新民法》规定，义务教育阶段不得设立营利性民办学校，在教育元宇宙中，基础教育行业属于普适性教育，将综合考虑各地区经济、文化等指标，尤其在义务教育阶段推出普惠性政策及发展规划，更多考虑整体性、公平性原则。

未来的中小学教育领域有一条较为清晰的发展路径：提升线上占比，进而提升市场占有率。在教育元宇宙中，基础教育行业的创业企业应寻求同公立机关院校等的合作，寻求规模化效应，综合考虑经济效益与社会效益，以学生的全面化素质培养为核心目标，运用技术手段与管理手段的统一，保证技术为学生成长服务、私有化为公有化服务，实现行业的良性发展。

高等教育阶段

21 世纪，中国高等教育进入大众化发展阶段。在全民追求学历提升的背景下，需求持续增长，包含本科、硕士、博士等在内的高等教育报名人数逐年攀升，高等教育的环境主要位于大学校园。

据教育部数据，2010—2020 年我国高校在读学生人数保持较稳定的增长。伴随着高等教育总体规模的增长，民办高等教育规模也呈现出稳定增长态势。2020 年全国民办高校在读学生人数约 791 万人，2010—2020 年 CAGR 为 5.20%；其中本科民办高校 2019 年在读学生人数约 468 万人，2010—2020 年 CAGR

为 5.24%；专科民办高校 2020 年在读学生人数约 323 万人，2010—2020 年 CAGR 为 5.14%。本科在读学生中民办的占比大体呈上升趋势，从 2010 年的 22.20% 上升至 2020 年的 25.64%；专科在读学生中民办占比基本上保持在 20% 左右。如图 6-2、图 6-3 所示。

根据教育部数据，从 2015 年至 2020 年，高等教育毛入学率由 40% 增长至 54.4%。尽管过去一定时期高等教育毛入学率的提升主要与缓解就业压力、提升内需、适龄人口规模增加等因素有关，但未来高等教育毛入学率的提升，将与增加职业教育人才供给，以适应新的劳动力需求形势有关。高等教育的供给主体分为公办和民办两大类，其中民办高等教育在增加地方高等教育供给、提升毛入学率、促进学生就业、推进产教融合和校企合作，以及进行多元化创新等方面发挥了重要作用。

作为学习者从校园学生身份转向社会非学生身份的重要过程，高等教育不仅承担起知识层面上的教育，更是承担了相应的社会义务。相比于学前教育和义务教育阶段，接受高等教育的学生一般已成年，具有法律上的一定行为能力，以及对于学科方向相对宽松的自主选择权。当前，大学的师生互评体系也是较为完善的，学生对于教师的教学质量具有建言献策的权力，并能在较大程度上影响教学安排。比如，大学教师因学生集体好评而在互联网上一跃成为"网红教师"，或因学生差评调整工作岗位的新闻也屡见不鲜。

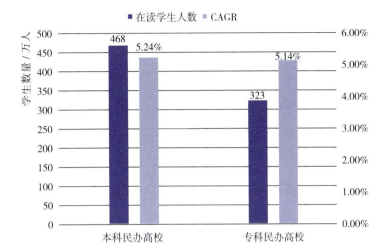

图 6-2　2010—2020 年民办高等教育规模及在读学生数量
（数据来源：教育部）

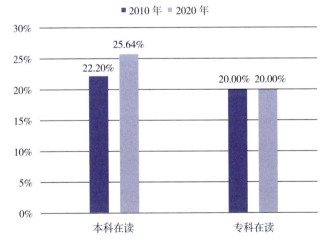

图 6-3　2010—2020 年民办在读学生中本科生、专科生占比
趋势（数据来源：教育部）

高等教育阶段的学生也将成为教育元宇宙的积极用户群体之一，依托于大学生拥有相对较多的可支配时间，同时也拥有一定可支配的资金，可以为教育元宇宙的内容和产品进行付费。同时，大学生也是最具活力和创造力的群体，随着 VR 等设备的普及和技术提升，大学生有望更为积极地参与到教育元宇宙的使用以及内容创造中去。

职业教育阶段

随着教育元宇宙的来临，首先将为职业教育开拓新的教育方向，并创造更多的如 VR 硬件工程师、3D 建模师等职业，也将为我国的职业教育改革注入新的活力。职业教育在综合全面发展的同时，会针对未来就业方向进行专业化学习，对比传统的文化课学习，会引入更多的实践类学习。以消防为例，以往的消防演习一般以实景演习为主，且伴随着一定的危险性。在元宇宙中进行教学，则可以数字孪生演练场景，在进行 VR 教学的同时，避免实际伤亡情况的发生，尤其对于新学员具有更好的生理与心理的双重保护作用。

终身教育阶段

随着全球化和数字化的进程不断加速，当今社会对于合格职工的要求也面临着巨变。不少工种和职业在技术的演进中消失，也带来了相关岗位职工的失业和转型，尤其是前沿科技日新月异的变革，也意味着"一招鲜吃遍天"越来越难以实现，人们迫切需要针对不同阶段和需求的具有特色的教育模式供应，且这一教育过程伴随终身。

终身教育的内涵十分丰富，不仅可以为高等教育等人群提供教育和知识"加餐"，也为因时代和条件所限制，没有机会在常规年龄接受相应教育的人群提供了学习的可能性，因此教育面十分宽广。可以说，除当前正在接受其他常规教育的人群外，其他人群均有接受终身教育的潜在可能性以及自我学习和提升的必要性。

在终身教育阶段，教育元宇宙可以妥善适配其高年龄跨度的人群需求，生产不同种类硬件，如针对老年学习者的"老年 VR 眼镜"，通过可挑选的眼镜度数、高阈值的音质选择，让老年学习者可以拥有个性化适配的良好视听体验，增加学习的有效性。也可以通过给小朋友研发"可挂脖式 AR 眼镜"，在讲解地理、历史时，随时投影使其身临其境，增加学习的沉浸感，伴随大数据后台的整理、分析功能，及时调整早教计划和教学安排，更早发掘出孩子的兴趣点和天赋所在，为其未来发展打好"地基"。

第二节　行业整合，保障教育质量

在教育元宇宙发展中，以行业为主体进行整合也是保障教育质量的重要一环。从大类学科的划分和大类学科细分，教育主要分为兴趣素质教育体系、留学与语言教学体系、信息技术服务体系、教育周边体系。这类教育主要面对的目标人群是有能力与精力学习项目的大学生和部分专业人士。这类需求产生于学习型社会的构建倡导和不断发展的工作需要。信息技术服务行业主要提供一些跟教育相关的电子信息服务，类似于"智慧校园""信息网站"等产品，为校园和补习机构提供信息整合服务。教育周边产业主要包括教育用品和智能教育产品，类似于文具、试卷等物品和教育手环的教育电子产品。

随着相关信息技术产业的发展，人工智能时代已经成为未来的发展趋势。《中华人民共和国国民经济和社会发展第十四个五年规划和 2035 年远景目标纲要》中将虚拟现实和增强现实与云计算、大数据、物联网、工业互联网、区块链、人工智能一起，列为数字经济重点产业。这也意味着虚拟现实和增强现实成为我国新一代信息技术产业的重要组成部分，也是"人机智能时代"的核心元素。

第三节　校企合作，协同产学融合

校企合作专业是中国高校和企业之间建立的一项联合人才培养模式。高校针对企业的发展需要，为企业量身定做的有针对性地培训学员的专业，在这里面，有学校根据教学计划教授的基础理论知识和专业基础知识课程，也有在企业中有经验的人员的教学，与工作人员对学生的培养。校企合作的办学方式能够让学生尽早认识企业，企业也能够认识学生。

随着国内高校科研水平的不断提升，以及响应国家科技自立自强的号召，越来越多的国内科技领军企业开始全面进行与高校的合作。对于企业来说，高校的优势显而易见，譬如设备完善、数量可观的基础学科实验室、持续进行科研的领军教师和高校学生、不断挖掘和探索的前沿创新技术等。企业通过参与校企合作，既能将本企业对技能型人才培养的需求及时、正确地反映到培训人才的校园中，也可以直接参与到企业技术型人才培养的完整流程中，和校方一起制定培养目标、确定课程设置、实习教学内容以及技能评估准则，实现提升技能培训教学质量的目的，从而实现企业对技能型人才培养的长期稳定需要。同时，还可以借助学校的培训优势，经常对在职员工开展专业技能提高训练，确保员工的整体素质和管理水平能跟上企业发展和科技进步的脚步，从而持续增强企业的核心竞争力。

在教育元宇宙中，老年人的教育模式将更加人性化。可陪护式的教育高仿真机器人不仅可以陪伴老年人进行知识的即时整合，像一台可移动的高仿人智能化电脑一般，为老年人提供知识、信息，也可以实现及时的看护和陪伴。许多最新的教学手段和软件，老年人往往难以快速掌握，通过可陪护式的教育高仿真机器人，可以通过声控对话等方式，帮助老年人进行相关软件的操作，减少老年人的学习障碍。未来，老年教育的教学内容和服务模式将趋于自主化、智能化，也会涌现更多优质内容、课程和服务，让老年人的生活更加丰富多彩。

第七章

未来浪潮：教育元宇宙的多维展望

你穿过时空，与现在的你目光相撞。

你从来自未来的这场梦中醒来，感觉很遥远，但好似又在明天就能见到。

电视上闪动着元宇宙的最新动态，你想起梦中那触手可及的教育世界。那个世界为你带来了新的光影，也让你感叹世界的深度和宇宙的浩瀚。

你戴上 VR 设备，握住了手柄。你更加确信，对这个世界的构想，即将在不远的将来实现。那未来的它，将会是什么样子？

当今时代，随着社会转型的推进，技术快速更迭，快节奏的社会生存方式向人们的生存提出挑战。教育元宇宙作为技术突破下教育数字化转向的产物，为更开放公平的教育环境、更有效的教育发展模式、更系统的人才培养方案提供思路和解决办法。教育元宇宙构建的最终目标是构建现实和虚拟连通的社会生态系统，为教育行业的不同角色提供全方位的教学场景，满足受教育群体的各种学习需求。教育元宇宙的发展，是需求侧推动和政策推动下的教育发展的方向，其构建的教育生态有助于拓展时空关系，带来经济增值，教育元宇宙的虚实融生样态也进一步提供沉浸式场景体验，为用户的教育效果带来了更好的参考路径。

在教育已经变成了全年龄跨度的需求中，教育元宇宙的未来拥有多重应用模式。在 6 岁以前，教育模式体现为早教和胎教，这为孩子接下来的成长奠定了基础；在义务教育和素质教育阶段，元宇宙教育为学生们场景化的教室学习提供可能，教室中和老师的互动增强了学生的情感体验和课堂氛围感；18 岁到 30 岁，人生的重大转折和未来方向往往在这个时期产生。考研、考公等进阶学习成了学生主动选择下的产物；30 岁到 42 岁，生活所占比重加大，学习者的学习重点向理财、爱好等不同类别的教育分化，着力于提高自己某一方面的见解；随着年龄进一步增长，逐渐老去的人群面临对隔代教育的培养，而身体上容易产生的问题又增加了他们对于科学养生课堂的需求。

在与电子设备充分捆绑的现在，人们对科技已经具有了较高的适应程度。教育元宇宙中丰富的教育图景和多元的信息教育渠道为不同年龄的学习者提供了不同的选择。而没有了地理空间的限制，教育元宇宙成了一个知识的乐园，为人们提供服务与教育。

　　与多范围的应用场景和多呈现方式的应用相对，教育元宇宙在构建过程中同样存在着需要战胜的难题和需要解决的隐藏风险。只有提前对其中需要解决的难题进行预判，并在构建过程中需要针对不同类型风险予以重视并加以规训，才能够保证元宇宙教育有利于社会发展。

　　目前，教育元宇宙处于初步发展阶段。如表 7-1 所示，对元宇宙产业生态系统特征与健康度进行分析，概括出产业生态系统健康度的六大影响因素，包括生产力、稳健性、组织结构、服务功能、适应性、公平性。目前元宇宙产业发展是不成熟、不完善的，但发展潜力较高，其产品具有独特价值，产业规范化发展还有很长一段路要走。

表 7-1　元宇宙产业生态系统特征与健康度分析

自然生态系统健康度影响因素	产业生态系统健康度影响因素	元宇宙产业生态系统特征及分析
活力	生产力	①市场规模小，只有少量领先型用户，难以产生大规模经济效益 ②基础研究投入多，但技术成果转化能力还需提升 ③产业成长能力较强，具有发展潜力
恢复力	稳健性	①潜在主导设计相互竞争，不确定性高 ②核心产品种类少、性能不稳定 ③缺乏统一标准体系，潜在标准相互竞争 ④舆论泡沫仍然存在

（续表）

自然生态系统健康度影响因素	产业生态系统健康度影响因素	元宇宙产业生态系统特征及分析
组织结构	组织力度	①核心企业尚未明确 ②配套投入企业数量少，与核心企业处于搜寻、协调过程 ③中介组织数量少，水平较低
维持生态系统服务	服务功能	①技术、资金、创业等相关支撑要素短缺 ②政策缺位，监管体系不完善
对相邻系统的危害	适应性	①产品具有独特价值，但价格较高或适用性低，若发展完善，对社会贡献程度较高 ②对其他产业生态系统发展具有促进作用，但也可能对一些传统产业造成冲击 ③元宇宙产业发展伴随着大规模数据中心和超算中心的建立，可能会带来能耗问题
人类健康影响	公平性	①公平性理念还需要加强 ②元宇宙产业发展必须依赖于产业生态系统中各主体的相互配合与共同支撑，需要构建系统主体间合理的利益分配机制

　　身处于元宇宙平台下的教育行业尽管带来了新的沉浸式学习空间和全息的拓展体验，但其在发展过程中难免受到元宇宙的生态制约。那么如何在不同层面上解决教育元宇宙的关键问题就成了在未来发展中教育元宇宙的关键所在。

　　在社会中，社会关注的教育风险主要可以分为社会层面、

经济层面、行业层面、技术层面和个人层面。根据 2022 年 2 月
1 日到 2 月 28 日的网络舆论数据，对教育风险的关注热词雷达
图，如图 7-1 所示，普遍集中在学校、义务教育、公办、办学
等热点上。由此可见，教育行业在元宇宙中的转向，也要警惕
相关方面风险。

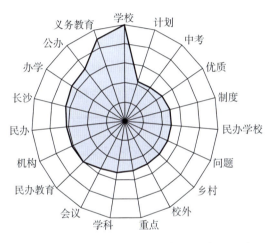

图 7-1　围绕"教育风险"热点雷达图（2022 年 2 月）

下文将从社会、经济、行业、技术和个人层面分析教育元
宇宙的未来形式及需要解决的主要问题。

第一节　全息生态：如何构建多维教育社会

教育元宇宙是在元宇宙世界中对教育行业的重构，终极理
想模型是一个现实与虚拟交叠重合、充满个性化解放和开放教

育的社会生态系统。

这种未来教育元宇宙意图构建依托于全息化的社会生态，既与现实强关联，虚拟和现实可以互相影响，又不完全依托于现实，为学习者提供构建虚拟身份的空间。

教育元宇宙带来的全息生态延伸了用户在网络教育中的感官体验，也为全纳教育提供了推行的可能。

这就意味着，教育元宇宙的构建将面临多种社会风险，包括由于顶层设计和评估机制缺乏所导致的数字权利失衡、教育主体泛化所导致的对权威的消解以及各模块推进速度不平衡导致社会分化的风险等，而这些社会风险的化解必须经过政府的引导和统一布局，从而形成多轮驱动的监督体系，打造行业标准，使行业能够在规范的道路上快速发展。

构建顶层设计和评估机制，强化数字权利

随着元宇宙浪潮的迅速席卷，在各国引起了从企业、团队到个人的高度关注，针对元宇宙的研究和探索也在快速推进中。游戏元宇宙、社交元宇宙、教育元宇宙等模式接续被开发。从元宇宙的提出，到各产业细分元宇宙领域的研究，作为新兴的科技创新方向，各方都对元宇宙寄予厚望，认为元宇宙将是新的生存方式和未来社会形态之一。

元宇宙的高度关注和初步尝试为未来元宇宙教育提供了新的可能，同时也吸引了各大应用商和教育集团的布局。目前对

于行业的设想仍处于起步阶段，商业化的尝试占据了元宇宙研究的主流。从顶层设计的角度还未出台相关政策指导，仍处于不断尝试中。

教育元宇宙中的数字权利包括教育权、受教育权、知识产权等。不同于真实社会，元宇宙为教育提供多维生态的同时，也给用户的数字权利带来了相关风险。

首先，用户的受教育权的不均衡可能导致社会结构的分化。由于经济地位和受教育程度不同，用户在元宇宙中接触教育的内容也不同，如图7-2所示。这在进一步加大数字鸿沟的同时，也在损害一些用户的受教育权。当受教育权被剥夺，新的不平等产生，而健康的教育元宇宙难以形成。

其次，在教育元宇宙中内容发布者拥有的知识产权也是组成教育元宇宙的重要部分。当相关领域知识产权保护并未有相对应的政策加以保护时，内容发布者的知识产权就容易受到较大的侵权风险。这在对内容拥有者积极性进行打击的同时，也对其劳动成果和劳动效果予以剥夺。久而久之，当用户的知识产权难以保证，用户内容生产的积极性也就相对下降，这不利于形成长久的共享教育氛围。

最后，在知情权上，不成熟的运作体系也会对用户造成数字权利的风险。当授权强制性进行时，用户的选择性和主动性被剥夺，从而在平台或资本的规制下被动地接受相关教育内容，这有损教育元宇宙中的个性化，不利于构建运作规范的教育社

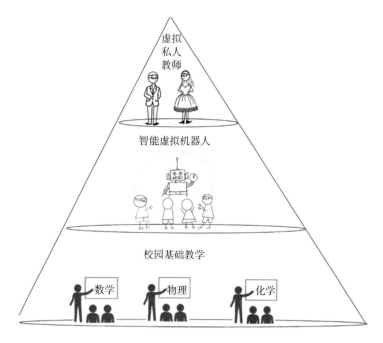

图 7-2　受教育水平的不均衡性

会生态。

　　针对构建全息生态中的数字权利问题，可以通过构建相应的评估机制和增强技术支持两部分来解决。一是要保证顶层设计对教育生态的领导，构建完善顶层设计，并引入建构相应的评估机制，来对用户的数字权利进行保障。在元宇宙教育中，虚实社会中的融生性也是其重要特征。那么在相关的规制中，也要将虚拟世界和现实世界挂钩，强化生态秩序，从而保证用户的数字权利不受侵犯。二是要善于利用技术，将相关技术运用到用户权益的保障上来。比如探索区块链等技术带来的先天不可篡改性，从而规避数字权利的相关风险。

对于教育领域的元宇宙应用，虽在近年来的政策中强调了加强技术与教育的融合，并强调了 AR、VR 等技术在建设数字智慧校园中的重要性，但并没有更细化的元宇宙教育相关文件，停留在纲领性的指导作用上，关于如何实施、如何落实还需形成统一、完善的方案。

制定行业标准，维护教育权威

教育元宇宙区别于传统教育行业的一大特征是共建共享性，相比以权威内容为导向的传统教学模式，元宇宙教育更侧重拓展教育的边界，促进教育资源的生产和置换，其强开放性和可编辑性为教育公平的实现提供解决方案，也为个性化学习、自主学习提供了多种选择。

元宇宙教育内容的生产主体是多元化的，可以是教师、管理人员或是在某领域有一技之长的人才，只要具有知识的分享欲和输出知识的能力，都能够在教育元宇宙中成为教育主体，提供多样化的教育内容。

传统教育是具有教育权威性的。权威性来源于对课本的审校制度和对教师的考核要求。在对课程资源的审校中，由特级教师、专家等专业教师和学者对课本进行编写，综合了学生接受程度、内容正确性、年龄段学习内容分布等影响教育效果的因素，确保了课本内容的科学性和学科规划的合理性。而后进行数次审校以及定点试验，最终将课程资源确定。特定内容的学习虽然更新较为缓慢，但其对于学习者的引导和教学是经过证明的。

在元宇宙教育中，内容生产主体泛化，教育相关内容呈指数性增加，这加大了对于教育内容的审核难度，也不可避免地带来了意识形态的冲突与对立。教育内容的细分化在带来个性化学习的同时，也带来了传统教育权威的消解。在元宇宙教育中所倡导的共享性中，仍可能存在让渡教育主体资质来增强内容生产的风险。

当元宇宙教育的开放性以降低对教育主体资质的要求为前提，这就意味着教育内容不再是经过多方层层审校的，因此容易产生常识性的错误或价值观导向的偏离，从而对学习者产生误导。

元宇宙教育丰富了传统教育的展现形式，带来了三维化的实验效果和场景化的叙事方式，但这也具有舍本逐末的风险。其娱乐化的叙事方式为教育主体提供了内容生产方式，而这种过度娱乐化属性会消解宏大叙事，使得严肃性的教育方式不再，教育权威不再。

这就需要制定行业标准，以系统化的路径对教育模式进行规划，加强对教育主体及教育内容的审核和评估，从而确保在元宇宙教育中呈现的教育内容是积极向上的、非过度娱乐化的。这是对教育权威的有效保护，也是对学习者的有效保护。

对行业标准的制定和完善的监管系统有利于化解权威性消解的风险。通过对教育主体的规范可以降低主体泛化所导致的内容过度娱乐化，也能够进一步提高内容的质量，这是只能通过政策层面的监管来实现的。而完善的监督管理对于泛娱乐化的教育内容能够进行及时控制，从而使教育的严肃性得以保持。

行业标准是由政府牵头，联合各行业参与者共同制定的符合行业健康发展的一系列规则，其中包括对主体的审核和对内容的审核，还包括在教育元宇宙中应用何种形式、何种框架来进行教育。这种行业标准框架为全息生态的构建提供了行业规范和基本秩序保障。

均衡推进模块，促进全纳教育实现

均衡推进模块，促进全纳教育实现也是构建全息教育生态的重要部分。

元宇宙教育的多维性体现在多个方面，如表7-2所示。其一是学习者主体的多元，包括普通用户、特殊学习者等多主体可以通过构建虚拟形象参与到其中。其二是体验感知的多维，其中涉及多重模块共同构建的不同感官体验和交流互动形式，这在现实世界仿真的基础上开发创新出一种新的教育样态。其三是教育内容的多维，这意味着教育资源的共享和传统教育资源的元宇宙呈现等，这会对知识的维度展开延伸和挖掘，使个性化教育得以实现，有利于学习型社会的构成。

表 7-2　元宇宙教育多维生态呈现方式

维度体现	具体体现	呈现效果
学习主体多元化	普通学习者	实现全纳教育
	特殊学习者	
体验感知多维度	视觉	场景立体化 感知沉浸化 时空拓展性
	触觉	
	听觉	
	……	
教育内容丰富化	传统教育资源	拓展知识维度 促进个性化学习 有利于构建学习型社会
	共享教育资源	
	……	

在构建元宇宙教育生态中，面临的问题之一，是各模块推进速度不一。这种推动速度不一致的失衡可能会为教育的全息生态带来负面影响。

模块推进的不平衡表现在技术发展速度不一致、政策滞后、行业资本化运作三部分。技术发展速度不一致可能带来各支持模块不完善，从而对某些交易的安全性难以保障。政策滞后的风险主要体现在政策发布的速度和行业发展的速度不平衡，这种风险带来的可能是产业发展不规范，相关隐私问题频出，用户的个人权益受到较大损害。行业资本化运作过快也可能导致相关垄断，从而有损教育的社会性和公益性。因此要均衡推进各模块的发展。

元宇宙教育行业发展推进的过程中，各个技术的推进不平衡，也容易导致社会分化的加剧。而对于硬件设备的接入，也容易加大社会中数字鸿沟，从而引发社会阶级的断裂。

元宇宙教育是一个涉及面广、社会性强、涉及范围大的社会性生态建设，是一个系统性的建设工程。元宇宙教育生态的建设涉及技术层面的发展、教育角色的转变、教育资源的提供等不同模块。技术层面涉及虚拟现实技术、空间计算、云计算、AI、大数据、物联网等，不同技术发展程度不一。教育角色的转变取决于教师生产方式的变化和学生接触信息方式的变化，需要在创新教育中不断推进。教育资源的提供则根据不同需求具有不同类型的呈现方式。多种模块共同搭建起元宇宙教育的生态模式，这也决定了元宇宙框架下所具有的连接性、社会性和拓展性特征。

不同模块的发展意味着不均衡的发展速度，这种失衡，容易吸引具有较高社会资产的用户率先入局，通过对元宇宙教育的尝试最先收到发展红利。

美国学者 E. M. 罗杰斯于 20 世纪 60 年代提出创新扩散理论。参考创新扩散理论提出的扩散模式，在元宇宙扩散过程中，创新者、早期采用者、早期众多跟进者依次入局，享受信息带来的元宇宙红利。部分用户通过较早的入局占据意见领袖的地位或者掌握元宇宙运转模式。而接触教育元宇宙的先后顺序可能影响元宇宙中的资源分配格局，从而加大真实社会中的信息差距，使不同阶级之间分离，从而扩大数字鸿沟。

在元宇宙的发展中，其相关发展过程及趋势如图 7-3 所示。在本次元宇宙概念热潮之前，21 世纪初已经经历过一次元宇宙雏形的发展高潮，未来更是在游戏、医疗、教育等领域和产业有持续拓展的空间。

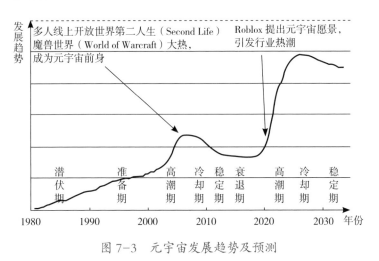

图 7-3　元宇宙发展趋势及预测

针对目前元宇宙教育推进过程中的社会风险，需要制定相关行业标准以规范教育元宇宙发展。教育是有关民生的大事，是社会发展和现代化人才培养不可忽视的重要板块。

在针对社会风险推进的行业标准制定中，通过从国家层面和行业层面的全球协商共同制定教育元宇宙的技术标准和行业标准，以国家为单位，以人民为出发点，以科学化的上层设计令技术能够造福社会。还要充分发挥相关国际组织的监管作用，保证教育元宇宙的正常运转。教育元宇宙的开发框架也要逐渐建立，通过构建"积木式"的开发体系，进一步推动接口标准化、行业要求严格化，实现教育元宇宙的健康发展与持续发展。

第二节 数字教育：如何面对教育经济风险

有业内人士认为目前元宇宙中的泡沫带来的风险较大，尤其是在媒体的报道和推动下，元宇宙的风险被忽略，市场的狂热推动了更多人关注，使所有人相信元宇宙带来的想象社会。

虚实产业结合，避免教育发展泡沫

在过去的 2021 年，元宇宙作为新兴概念火遍全球。2021 年 10 月 28 日，全球互联网巨头 Facebook 宣布更名为 Meta，并提出了企业对于未来的元宇宙发展方向，引爆了元宇宙这一概念，并迅速推向高潮。相关搜索变化如图 7–4、图 7–5 所示。

当所有产业的所有类型人群都挤入元宇宙中，企图通过元宇宙布局来分一杯羹时，人们所看到的泡沫化的乌托邦想象就掩盖了鱼龙混杂的市场。

目前教育元宇宙的发展中，教育元宇宙中的实体产业包括教育场景的构建、教育资源的共享、教育交互的技术化建设等。目前由于技术的相关局限，仍处于初步尝试阶段，只进行了小

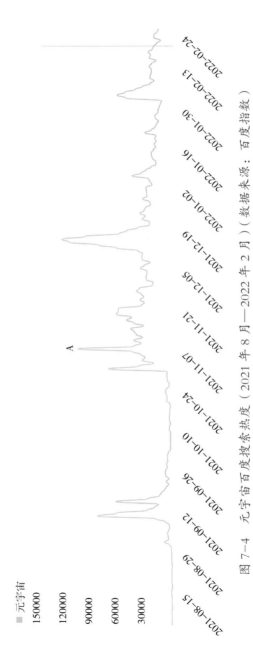

图 7-4 元宇宙百度搜索热度（2021 年 8 月—2022 年 2 月）（数据来源：百度指数）

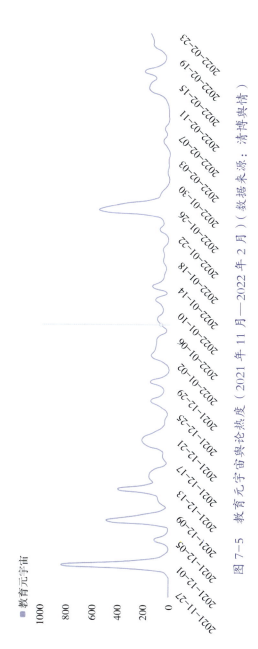

图 7-5　教育元宇宙舆论热度（2021 年 11 月—2022 年 2 月）（数据来源：清博舆情）

范围的教育元宇宙构建，总体产业仍处于概念化的阶段。目前，教育元宇宙产业发展中虚拟经济和实体经济二者结合不密切，所以在教育元宇宙构建中需警惕元宇宙虚拟经济泡沫。

虚拟产业以服务实体产业为最终目的，但虚拟产业的过度膨胀会导致实体产业泡沫，从而损害实体经济的发展，进而对社会稳定造成影响。随着社会相关产业和技术的发展，社会分工变化，各领域的专业性也不断提高。应加强虚实产业的结合，避免教育元宇宙发展中的泡沫风险。

元宇宙下的泡沫对教育行业产生危害体现在以下几个方面：资源配置效率降低，教育资源共享性难以保证；虚假繁荣促进冲动消费，以教育为目的的目标难以落实；破坏教育行业的社会性，加剧教育不平等。元宇宙依托于人工智能、拓展现实、5G 等多种前沿技术，而不是一味地追随舆论构造乌托邦式的技术想象。

考虑到教育在国民民生中的重要地位，教育元宇宙的泡沫化、概念化必然会消耗用户的信任，而这种信任丧失则会直接影响教育行业在元宇宙中的发展，从而对整个教育元宇宙造成难以挽回的损失。

在媒体对元宇宙的报道大肆推动的同时，利用虚拟经济对实体经济的促进作用，加快元宇宙落实到位。大范围企业和个人的入场也为元宇宙发展提供了更多的资本与机遇，有利于元宇宙教育行业的发展。

在利用媒体推动和资本助力的同时，也要加强元宇宙所占比例，对经济泡沫予以防范。发展虚拟经济不应脱离实体经济的支撑，从而只见高楼而不见地基，应坚持以实体产业发展为基础的渐进式发展原则。我国金融发展历史较短，其监管手段和方法仍在不断改进中。

我们需要的，不仅是一个虚拟的概念，真正的教育元宇宙是需要虚实经济结合下技术进步来推动的。

建构信用体系，促进教育通证融合

元宇宙的蓬勃发展为虚拟化生存提供可能，在元宇宙教育行业中，用户在元宇宙的存在方式与线下相关，用户的身份和社交也是基于数字存在进行的。教育元宇宙中，以诚信为核心的通证经济是元宇宙运行的基本动力，也是线上线下教育转型的关键。

通证经济伴随区块链的发展得到关注，而随着元宇宙的火爆，通证经济更是被大多数人知晓。通证诞生于去中心化追求，在网络通信中作为"指令、令牌"使用，其实质是可流通的加密数字权益证明。随着区块链技术的发展，通证成了利用区块链技术提供数字化的权益证明。由通证概念进一步发展，通证经济在教育元宇宙视角下可以从 3 个维度进行理解。从经济层面看，通证经济是指以数字资产作为权益的载体，是元宇宙中生产、消费、分配等经济活动的保障。通证经济提供了一种去信任化、去中心化的交易方式。从参与角色层面来看，通证经济在元宇宙中有助于通过经济激励的方式，促进教育生产主体、学习者和元宇宙的平台方成为价值统一体，增强了元宇宙中的协调性。从组织治理角度来分析，通证经济为元宇宙提供了一种基于通证发行和分配机制的共识而存在的社区为单位的治理方式。

通证经济的发展为大量资产和交易提供了低成本、高效率的流通可能，为当下的经济体系带来了新一轮的数字化转型，引发了数字资本化浪潮。尽管作为一种去中心化流通中介，通证会给虚拟经济带来较大的促进作用，但其本身仍具有通证经济风险，要警惕相关风险的出现并对其进行解决，才是促进教育元宇宙经济形成较好效果的关键。

尽管在教育元宇宙的推广过程中，通证经济提供了较多的可能性和较高的保障，但仍然存在着需要注意并避免的相关风险。通证经济中的信用风险是在流通过程中存在的。尽管从区块链到元宇宙，在构建时宣称这是一个共享化的、去中心化的平台和技术，但其去中心化并未完全实现。在去中心化中并未为去信任化提供充足的保证，只是赋予了私人信用更大的能力。在整个元宇宙中构建的通证经济中，一旦发生信用危机或社会实践导致的意外，其价值体系就变得十分危险。而当投资者和用户对超出预期或不受控制的数字产品进行抛售时，通证打造的信用体系面临全面崩盘的风险。

在通证经济体系形成初期，不同阶段的奖励方式是促进交易和数字化转型的重要推动器。围绕着教育元宇宙中的经济平台，多环节的奖励方式在一定程度上促进了经济体系的构成。发展阶段的不同决定了通证经济奖励机制的变化。在元宇宙概念兴起初期，为了快速吸引更多投资者入局，采用了奖励丰厚的吸引入局机制。项目和相关技术取得进展后，对用户的特定行为予以通证奖励，逐渐培养用户适应项目方的规则，固化为"只要你做"的奖励模式。但是，通证经济中仅以经济利益为吸引投资者和消费者入局的筹码，这对于良好运行体系的建设是远远不够的。非诚信行为就是在这种不当奖励机制下产生的有害风险。非诚信行为的产生既会打破教育元宇宙产业的平衡和规则，使公平地去中心化的教育环境难以形成，从而使用户流失，也会由于过度的奖励机制设置反噬经营者，对其产生不利影响。

通证经济还可能带来垄断风险。通证经济所具备的高效流通性依赖于智能合约的自动严格执行。正如在研究算法中的"算法黑箱"一样，即使通证经济能够顺利构建，但其背后的逻辑，从产品设计、实施、应用，到最后的调试和监管，都是由人这一实践主体来完成的。表现形式为客观代码的背后，是主观意图对其的有意或无意的影响。在教育元宇宙的通证经济中，开发者具有较大的权限来决定应对哪些行为或教育资源进行奖励，这在一定程度上影响了教育元宇宙生态的构建，也影响了公平性原则。当通证经济平台的开发者通过智能合约对自身利益实现最大化时，用户所接收到的有可能是被强加的治理理念。

在元宇宙为我们构建未来蓝图的今日，通证经济和区块链的结合作为底层技术和虚拟经济的结合，为教育元宇宙中的交易提供了去中心化的空间，降低了信用风险。其运行初衷和理念是更好地为虚拟交易提供支持，解决现实存在的问题，促进现实社会向虚拟形态的转向。但任何先进的技术都具有两面性。在通证经济快速发展的同时，其带来的相关风险仍可能影响经济的稳定性。如不对其风险可能性予以评估判断，在技术狂热的发展中负面效应可能在某一节点爆发，这带来的对社会的危害可能无法预估。

对通证经济进行管控，对相关市场进行规制，是降低风险的有效手段。在市场经济条件下，要对通证经济中所需要遵守的规则和预期收益进行可视化，尽量避免黑箱效应下的人为控制，推进人工智能在其中的客观化评价体系。以严格的不容任何"人情"介入的技术手段，激励诚信、限制投机。对守信者和失信者给予不同的待遇，并建立完善的标记提示机制，增强诚信在交易中的比重。

在对奖励机制进行设置时，相关机构应充分考虑对信用差异的划分。可以根据信用度设置相应的门槛。在此过程中，要防止有目的性套现的商业行为，这是具有难度的规则判断，可以利用教育元宇宙中的共享化空间，通过用户对相关规则制定的参与和反馈，不断对奖励机制进行调整。

作为纳入国家民生体系的重要部分，教育应当置于国家的管控之中，元宇宙只是为教育提供了多元渠道，而非使教育纳入资本操控之下。因此对于通证经济可能存在的风险，需要政府加以监管。新技术的发展往往是在探索中推进的，通证经济在元宇宙中的应用更是刚刚兴起。政府层面的监管和行业规则的制定也处于变革之中。因此在针对通证经济的监管层面难免会有些滞后。面对这个问题，对相关可能风险进行预测和更新监管体系成为可选择的提升途径。

面对通证经济的风险，监管部门的监督作用和相关行业的自我察觉需要紧密结合，共同构建完善的低风险的信用体系。在预测和降低风险过程中，要妥善结合硬性规定和软性监管，时刻对可能出现的风险进行评估更新，确保相关措施的有效性。有关部门也应加速方案的制定，才能够有效地推进通证经济在教育向元宇宙转向中发挥重要推动作用，使其为教育搭建经济的桥梁。

通证经济为经济高速流转提供空间，使大量资产实现了低成本高速率流动，也对信用予以保障。对于新经济模式的发展，风险管控往往是滞后的。但是只有监控风险，预测风险并对监管政策加以完善，构建信用体系对其进行保障，才能使其带来的优势最大化而风险最小化，更好地为新生经济工具的发展提供支持，这更有利于通证经济在元宇宙中的发展，也能进一步为教育在元宇宙中的交易提供更稳定的支持。

第三节　虚实融生：如何构建成熟行业体系

　　作为一种虚实融生的教育样态，教育元宇宙为学习者搭建了虚拟与现实的桥梁。通过线上数字内容的购买，学习者有机会得到更多增加阅历和教育水平的机会；通过线上和老师同学的数字互动，学习者能够加强社会联系和维持社会交际网络；通过线上的考试和相关教学，学习者可以拿到线下对应的认证证书。

　　成熟的体系为学习者提供了自由生活和教育的权利，也为学习者和内容生产者的虚拟和现实转化提供了保障。

　　有的人提出，教育元宇宙不就是网络教育的三维拓展吗？其实，元宇宙不仅是教育随着网络技术升级而产生的样态，人机融生性是元宇宙的三大特性之一。在教育元宇宙中体现在虚拟与现实的交叠和相互影响。

　　这种影响体现在线上的场景构建中，在元宇宙中你可以拥有比拟现实的实际体验。你可以坐在教室里和你现实中的老师面对面，你们之间的每一次接触都能够让你体验到置身课堂的感觉。在教育元宇宙中，人是具有虚拟化身的存在，这与现实是不冲突甚至是交融的。

　　因此，要想进一步推进教育元宇宙虚实融生的建设，就要推行成熟行业体系的建设，避免相关行业层面风险对其产生影响。其中包括推进行业规划，通过建设全面的教育监管体系对行业进行监管，避免相关资本的过度介入。还应促进教育公平的实现，避免教育内卷化对整体教育行业的负面影响和资源浪费，提高教育元宇宙的生态建设和资源利用。除此之外，建设教育元宇宙中还会面对部分企业过度垄断的风险产生，从各层面都需要对此加以遏制，从而保障教育在元宇宙中的公平公正，推进全纳教育的成熟体系建成。

推进行业规划，统筹推行教育监管体系

不同于传统教育行业，教育行业在元宇宙中有着不同的特点。元宇宙的经济增值性、人机融生性、时空拓展性的 3 个特性与教育行业融合，展现出一个教育领域的全新赛道。作为一个兼具社会性和经济增值性的全新赛道，资本布局的先后影响了元宇宙教育赛道的相关发展，同样地，也会带来相应的行业垄断风险。

教育元宇宙中，产业垄断的产生原因多样。一方面，元宇宙更新了传统教育的赢利模式，规模经济成为主要的赢利方式。其特殊的成本结构也进一步吸引了资本形成产业垄断。元宇宙中的教育资源以数字形式存在，其共享性和可复制性使边际成本急剧下降。在前期的研发和推进阶段面临的困难更多，一旦攻破关键技术问题，企业就获得了先发的资格。在边际成本较低的元宇宙中，则需要依靠规模经济来进行赢利。当集中到某一规模时，企业发展就容易形成垄断。

另一方面，教育主题的并购也加剧了资本的集中，从而使产业垄断风险增加。作为企业资本运营的主要方式，教育元宇

宙中包含了运营主体和内容提供者等多个角色板块。资本作为推动技术进展和呈现方式更新的重要主体，会影响教育内容提供者的所属机构。元宇宙中教育平台的规模和市场份额是互联网企业专项教育元宇宙的重要动力，也是其生存的重要保障。为了扩大企业自身的市场占有率和用户数量，企业在资本的支持下需要快速更新其供应链，从而能够更快地满足用户的不同需求。这推动了企业的服务提供能力发展，也推动了企业向不同领域渗透，从而通过兼并和并购达到发展的目的。教育行业在元宇宙中与其他产业高度融合，包括游戏产业、文旅产业等，而跨领域间的渗透使产业垄断风险加剧。

传统教育作为民生的重要产业，政府出台的相关政策有效地遏制了教育企业垄断。"双减"政策的发布更是推动部分课外教育垄断企业转型，从而避免了经济秩序和教育秩序的混乱，使教育资源得到有效分配。

元宇宙教育的发展中，互联网企业入局较早，较快的发展下可能引发产业垄断。当资源被用于维持、扩大垄断的时候，就容易造成资源的低效配置甚至浪费，这会加剧教育行业的不平衡，加大社会鸿沟。一旦垄断组织形成，为了获得垄断高额利润，用户的选择性降低，只能被动地接受其制定的垄断价格，而垄断价格一般高于健康竞争市场的均衡价格。这在事关民生和社会发展的教育行业可能直接引发市场恶性竞争，还可能对社会总体的福利水平和未来的发展造成影响。

教育与下一代的培养息息相关，其社会性和经济性的双重属性代表着在民生发展中的重要地位。而在元宇宙中的去中心化发展逻辑中，避免实体企业对教育行业的垄断，从而保证教育的开放性，这是在行业发展中需要重视的部分。

由于元宇宙教育的特殊性，单纯依靠市场的自我调节功能——包括引入新的竞争者、塑造竞争性经营主体等，是不足够的。作为关乎民生和社会未来发展的重要产业，教育元宇宙的发展要放置在政府有效监管之下。由于这些行业天然具有明显的垄断性，因此在国际上的通行做法是从上层建筑的角度对相关产业进行监管。

在构建教育监管体系的过程中，还要提高监管的透明度。包括信息及时公示、相关行动公开等监管行为都让用户权益的维护和企业社会性体现得到了保障。对教育行业中的价格监管、服务监督，都应提高公众的参与程度，通过构建反馈机制来完善监管体系，重大结构政策的调整也应及时通知用户并听取相关意见。

在元宇宙中，企业通过技术的创新和服务链的完善来取得相关经济赢利是合法的，但当其形成了在教育行业的垄断地位，将对关键技术的把控作为扩张和垄断延伸的武器来把控下一代领域的发展，那么相应的监管机构和反垄断组织则需要对此予以关注和管控。良性的市场竞争能够有效地推进教育的呈现模式，为用户提供更好、更有效的学习体验，有助于推动教育元宇宙正常秩序的构建，但若形成企业垄断造成了产业风险，则违背了元宇宙去中心化和共享化的初衷，其共享也不是真正意义上的共享，而成了资本控制之下的共享。这对用户、对平台的发展、对政府在教育中的统筹地位，都是非常不利的。

推行教育公平，降低教育内卷化风险

每一次人类对新领域的开拓，都是从存量市场中发现增量市场的过程。从传统教育到元宇宙教育也不例外。在教育向元宇宙发展的转型中，需要警惕的是教育非理性的内部竞争风险。尽管传统教育和网络教育都呈现出一定的非理性的内部竞争趋势，但去中心化的、共享的元宇宙为教育非理性的内部竞争提供了更多的场景，这也为我们带来了较大的风险。

近年来，非理性的内部竞争开始被利用在教育行业，来描述高投入、高成本内耗进行教育却未产生相应回报的困境。教育行业中，家长的教育投入逐节攀升，学生学习压力逐渐增大、学业负担增加的同时，来自家长和学生的焦虑有增无减。教育非理性的内部竞争趋势已成为社会改革期可能存在的重要社会风险之一。随着元宇宙教育的提出和框架逐渐搭建，教育非理性的内部竞争带来的风险成了元宇宙中必须警惕的社会问题之一。

作为从存量市场向增量市场转向的全新场域，元宇宙提供了更广阔的市场空间，提供了资源流通共享的地域，提供了资源配置的帕累托改进。为用户和生产商提供了互利共赢的想象空间。在教育行业，相关教育机构正面临转型期，元宇宙教育为他们提供了更好的转型路径，也为其点燃了想象空间。

在教育向元宇宙的转型中，人与人之间的竞争性焦虑可能并不会因元宇宙提供了更多教育资源而减少，反而可能因为教育起点的公平化而更加陷入对竞争的焦虑中。在元宇宙中淡化了身份阶级，这也意味着在现实世界中掌握优质教育资源的人群优势不再明显，从而引起元宇宙中新一轮的教育资源占有与竞争。因此要构建积极有效竞争环境，创建共赢竞争路径。

元宇宙教育为共享化的全纳教育提供了发展空间，但教育非理性的内部竞争的风险则可能影响元宇宙赛道中的教育公平，导致教育资源的共享难以实现。

目前我国处于社会转型阶段，需要优秀人才。教育非理性的内部竞争导致了优秀人才的内耗，如果不加以治理，优秀人才将会流失，教育公平不能得到保证，从而加大社会阶层差异，严重时可能加大社会分裂，这不利于元宇宙产业发展，更不利于社会建设。

虽然"双减"政策为学生提供减负空间，但在世界竞争格局愈发激烈的状况下，顶尖人才和优秀人才仍是我国社会需要培养的，因此要避免缺少竞争导致"躺平"对人才资源的浪费。要构建积极的竞争环境，将元宇宙作为技术支持和新竞争赛道，建立有效竞争。元宇宙中的算法和记录等技术为竞争提供了评判支持，评估体系的建立和人工智能的应用有利于推进积极竞争的建立。

追求教育公平不代表取消竞争，教育公平是指学习者能够公平地获得教育机会和教育资源，这与教育元宇宙的共享性相契合。因此要为学生搭建筛选机制与上升渠道，通过对个性化学生的个性化培养来激励各赛道中优秀人才。这要依赖于评价机制的建设。

为了降低教育内卷化中教育回报较低的影响，在教育资源和课程体系建构中，要加强课程的传授效果。对于多元主体共享的教育资源也要设置相应的审核机制，从而推进高效用教育体系的建构。在对教育资源的审核中，除了发挥人工智能算法的作用，也要引入人为评估机制。还应在部分试点区域予以试行，从而能够对教育效果进行有效把控，精准提高教育质量。这在一定程度上也能避免相关资源的浪费。

在教育元宇宙中，对优质教育资源的需求永远是存在的，随着技术发展和人们知识水平的提升，这种需求存在着扩大化的趋势。尽管元宇宙为教育资源提供了共享的平台，但只有打破教育行业非理性的内部竞争的风险，降低其对教育行业的影响，处理好人才培养、教育公平和教育非理性的内部竞争三者的关系，才能落实全纳教育，促进教育公平，构建积极有效的竞争模式，从而推动人才水平不断向前发展。

遏制过度垄断，保障教育公平公正

作为现实与虚拟的结合场域，教育元宇宙在促进教育公平和全纳教育上具有天生的优势，其共享性和数字分身的呈现为不同人群提供了个性化选择，也为不同用户提供了构建数字身份进行学习的教育生态，有利于构建公平平等的教育体系。

在看到元宇宙为教育公平带来可能的同时，也要注意到资本过度介入下的垄断风险。作为元宇宙主要发展的推动者之一，互联网企业及相关技术开发企业拥有较多技术研发层面的优势，这为教育元宇宙的场景搭建提供了重要助力，同时由于资本对技术的主导，其数字权利增强，对用户信息的收集能力增强，可能导致某种程度上的产业垄断。

教育元宇宙通过现实和虚拟的联动，其兼具商业性和社会性。教育元宇宙的各个环节均和经济有所涉及。场景的开发和维护需要经济的支持，而学习资源的数字版权也和市场紧密联系。在教育推行的过程中，还会产生消费行为，用户可以通过虚拟货币来购买相应的课程和体验，教育元宇宙中的学习模式意味着资本的介入和市场的参与。

针对技术偏向的讨论研究已久，但在和经济紧密结合的生态产业下，虽然技术是中性的，但是技术的开发和应用受到背后资本的影响。资本的逐利性会给教育元宇宙带来潜在的风险。

在针对经济层面上的可能风险，完善法律法规、建立行业协会、强化相关企业的社会责任都是可以对企业的过度垄断进行遏制的方式。只有对企业的权限和元宇宙掌控程度进行限制和定位，对其加强监管以保证资本不在教育元宇宙中过度垄断，才能够保障教育在元宇宙中得到全方位的发展。只有这样，元宇宙才会如我们所愿，成为一个公平的、去中心化的共享生态。

第四节　沉浸体验：如何加强教育技术融合

社会需求是科技发展的重要导向。随着第四次工业革命而来的是以元宇宙为代表的新兴技术。相关技术的突破和结合为我们构建了一个对未来世界的想象空间，也为教育行业的未来提供了可参考路径和方向。

整体而言，元宇宙教育带来的优势是可以预见的，元宇宙教育的未来涉及两方面的发展，一方面是传统教育机构向元宇宙进军的可能性，另一方面是相关产业的发展。

从当前情况来看，传统教育机构而言的整体发展进度应该会落后于相关产业，无论从国外的发展还是国内的发展趋势来看，皆是产业先行。

从 VR 头显和 AR 眼镜的出货量看，如图 7-6、图 7-7 所示，从 2016 年开始，虚拟现实装备开始大量出货，VR 头显设备和 AR 眼镜的出货量整体呈现上升趋势。以创新扩散理论来划分阶段，当前虚拟现实设备的出货状态仍然处于先驱状态，还未到达出货峰值，从虚拟设备出货的上涨趋势以及苹果、Meta 等企业的布局和前沿发展来看，这些国际巨头企业向元宇宙进军的一个先行动作都是布局虚拟现实硬件技术，可以预见的是在苹果、Meta 等企业的推动下，虚拟现实设备的出货将会在 10 年左右实现销量大幅度增长，成为大众普遍接受的创新产品。

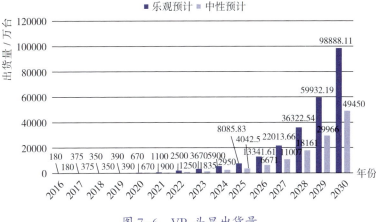

图 7-6 VR 头显出货量

图 7-7 AR 眼镜出货量

具体来看，Meta 近年来持续推进 VR 生态的发展。2021 年，其实感实验室（Reality Lab）发布触感手套的最新研究，进一步

提升 VR 世界的真实性以及虚拟世界抓握的舒适度。这是元宇宙
世界整合感官的重要一步。微软在 AR 领域也有成熟产品的孕
育和研发，微软研发的 Microsoft HoloLens2 带有 6DoF 跟踪、空
间映射和混合现实捕捉功能，还支持实时眼动追踪，借助人工
智能，助力混合现实技术领域的视觉处理。

就我国而言，当前虚拟现实设备的发展需要注意一些问题。
如图 7-8 所示，根据赛迪数据所统计的 2016—2020 年我国实
际 VR/AR 行业规模与预测趋势的发展差异，从表格来看，我
国 2016—2020 年虽然 AR/VR 行业规模呈持续增长趋势，但是
与我国公司的预测值仍存在不小的差距，实际上我国 AR/VR 行
业市场还存在着一些问题，包括技术条件不成熟，市场与行业

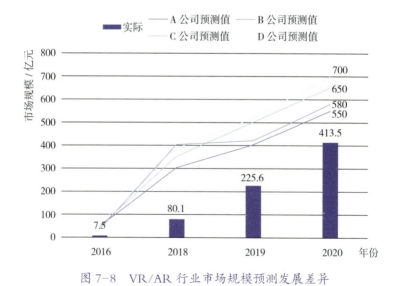

图 7-8　VR/AR 行业市场规模预测发展差异

"内外割裂"产生泡沫以及成本高昂无法量产等问题。这些问题都亟待解决不然将会影响我国虚拟现实产业以及我国各产业向元宇宙进军的成本及路径。当前我国的头部互联网公司也在投入资源于相关产业的发展。

就传统教育机构而言，当前公立学校还没有正式向元宇宙进军，但是应用元宇宙平台进行相关教学活动已经有了不少的实例。传统的教育行业在进军元宇宙时要考虑更多的资源设备等问题，在虚拟现实技术进一步发展的将来，可以预见世界各高校、中小学，对于新技术的应用和新场景的入局都是乐于接受吸纳的。

有学者提出，随着现代化进程的推进，人力与技术力量的发展使得生产力呈现指数式增长，这使危险和潜在威胁的释放达到一个前所未有的高度，他将这种社会形态称为"风险社会"。几乎大部分科技推进带来的风险都属于其范畴。尽管被作为一种乌托邦式未来呈现方式进行研究，但元宇宙本身仍具有一定技术风险。只有对其风险进行认知预测，才能在今后的发展中减少风险对社会的影响。

在元宇宙中，其支撑技术包括区块链、人工智能、网络计算等技术，从技术的产生到取得阶段性进展，再从阶段性发展到技术的成熟，面临着较大的时间跨度。目前的技术发展中，由于某些技术的阶段性进展，社会上普遍存在着技术乐观主义的情绪。但从技术产业层面来看，各软硬件设备技术迭代速度的不同为元宇宙这一结合体的进展带来了技术成熟度风险。

如何在元宇宙中将各模块结合应用成为技术中需要克服的问题。综合元宇宙的各模块发展，元宇宙的发展还远未成熟，具有较大的发展空间。其中各模块的结合和在教育领域呈现方式的探索，还需要较远的路程。

作为元宇宙与教育的融合，教育元宇宙中体现了前沿技术与学科教育、社会关系等多维度的融合。技术本身存在的风险、教育推行过程的风险、技术和教育融合带来的风险等都是教育元宇宙需要解决的问题，其面临的挑战成了多种技术伦理问题的并集，并随着技术的发展和拓展不断增加。

教育元宇宙是基于数据采集、分析、交互的虚拟现实交汇的平台，作为人机融合、人机共生、多维交互的数字化形态，教育元宇宙对数据数量和质量的需要呈指数化增加。从个体数据的采集、行动轨迹的追踪，到数字交互的提供、学习效果的评价，教育元宇宙中几乎所有的使用场景都对数据的获取、应用、存储具有较高的依赖。

在数据获取层面，底层数据的获取难度加大限制了元宇宙中的数据分析水平。采集数据是教育元宇宙重要的依托，这为学习者带来了个性化体验以及更好的仿真体验和拓展体验。但与此同时，对现实数据的过分采集和完全一致的数字更新频率也会限制镜像化本身的自由拓展空间。

在数据的应用层，对于教育元宇宙的技术问题来自独立平台和独立国家之间的内容是否共享。不同的教育场景构建需要不同层面的技术投入，适用于不同的教育资源。当经济效益的需求和社会性二者结合，存在着多元平台之间难以统一的问题。技术的兼容程度、多国家的语言障碍、教育体系的不同都对教育元宇宙共享空间的构建提出了更高的挑战。在不同体系难以统一的教育元宇宙平台下，也都会存在着数据结构难以统一的问题。在数据的应用中，元宇宙与用户的关系随着使用程度的加深而不断融合，涉及身份认证、经济运作等系统的数据应用会涉及学习者真实空间和虚拟空间的众多方面，这可能给学习者带来较多困扰。

在元宇宙数据依托中，最令人关注的是元宇宙教育中的数据安全。当数据与人的捆绑更难以解除时，这就意味着学习者的使用面临着较大的数据安全风险挑战。而这些数据更是因为与现实的强关联性，不仅能够在教育元宇宙中搭建教育场景，也与社会高度关联。这增加了教育元宇宙中数据安全保护的难度，也为隐私保障方面带来较多困扰。

第五节 个性课堂：如何保障主动学习效果

在教育行业向元宇宙转型中，可能出现的学习者个人风险也是需要加以重视的部分。作为元宇宙中活动的最小单元，用户在教育元宇宙中有较高的自由度，在享受高自由度带来的体验感和好处的同时，也要警惕其中的个人风险。

作为对传统教育的补充和拓展，教育元宇宙更加娱乐化。"寓教于乐"是传统教育所提倡的，国内外相关研究证明，游戏化的学习方式有助于学生进行快速学习，在增加学生短时间内专注力的同时，通过提高学习的参与感来调动积极性。

教育元宇宙带来的娱乐化和游戏化体验为个性化学习带来可能，而感官延伸依托的场景构建和虚拟世界也容易具有较多的个人风险。

作为数字时代的产物，元宇宙教育在提供更多元的娱乐体验的同时，也带来了更多风险的可能，包括丰富的冲击效果引发的数字沉迷，从而可能引发数字健康的风险。数字健康包括生理健康和心理健康。生理健康问题包括因元宇宙使用带来的多种身体问题，其中包括赛博病、视力受损等人体机能的损伤，也包括由于设备发展不充分导致的眩晕等不良体验。

教育元宇宙的过度应用和泛娱乐化还可能具有个人心理上的风险，由于线上的伪装和个人印象整饰作用，可能会导致现实与虚拟进一步断裂，在极度沉迷中现实缺位，从而反向影响注意力、思维能力等个体能力。

教育元宇宙世界中，由于具有大量的数据资源，与用户的连接互动中也需要采集大量的用户数据，大量数据的背后涉及了隐私保护和未成年人保护等问题，如何处理数据保护个人隐私就成为重中之重，如图 7-9 所示。教育元宇宙的学习者中，未成年人占据很大部分，因此如何保护未成年人在元宇宙中的权益，如何保证教育元宇宙中内容的正向引导，成了重要命题之一。

图 7-9 个人隐私泄露困境

我国对于新生科技的态度一向比较明朗倾向于支持，虽然对技术的发展我国有一定的信心，但是对于元宇宙这一新的技术革命对社会和群众的影响，仍然处于比较谨慎的态度。虽然我国没有国家级的相关政策，但是各地方已经有相关的扶持政策。

整体而言，中国对于元宇宙相关的建设和应用是处于开放和明朗态度的，未来中国教育业与元宇宙革命的深度融合也有更多的发展可能性。

优化学习体验，降低感知障碍风险

在个体感知层面，虽然我国在教育元宇宙需要的底层技术支撑上已取得一些成果。虚拟现实等技术快速发展，近年来对虚拟现实在教育行业的应用也有了一定的探索经验，但随着元宇宙概念的推行和虚拟现实连接性的增强，教育元宇宙对于个人仍存在数字健康风险。

赛博病是教育元宇宙大范围推广应用下可能产生的数字健康风险之一。

赛博病是指身体所接收到的信号与预期不匹配，身体调节遇到冲突，带来眩晕、身体疲劳、皮肤苍白、心率加快等不适感。这在教育元宇宙发展的早期体现得较为明显，教育元宇宙带来的虚拟世界对大多数人来说仍是新事物，而适应新事物需要一个渐进的过程。在教育元宇宙中场景构建的模态质量直接决定了数字健康风险的影响程度。

虚拟现实技术是元宇宙中重要的场景实现技术之一。2016年起，VR 与 AR 就已经得到公众的重视，相关企业也针对虚拟现实技术进行了研发和拓展。作为结合传感器模拟身临其境的突破性技术，虚拟现实具有高沉浸性，应用领域越发广泛。在虚拟现实的体验中，VR 通过对声音和影响等维度的模拟，能够更迅速、更直观地将用户带入特定场景中。但是由于受到体验感和设备的限制，虚拟现实技术下容易导致音画不同步的赛博病等问题，纱窗效应和余晖效应等都容易对体验产生损害。纱窗效应是指由于设备显示器分辨率不足，分隔像素的细线会影响使用者的沉浸体验。

如图 7-10 所示，人的视觉暂留现象也会影响佩戴设备的体验，会带来眩晕感导致赛博病。

图 7-10　纱窗效应图示

教育元宇宙中，场景构建依赖于头显和场景的稳定性，场景模拟与用户预期的偏差、方向和距离计算方式不精准，都会造成用户看到的场景偏差，从而导致赛博病的产生，影响用户的数量和体验。

设立相关机制，避免注意障碍风险

教育元宇宙相比于传统教育和网络教育，以其体验感和具身化的交互体验而得到关注。游戏化的教育机制设计和多元化的场景服务在为学生带来体验的同时，也会为用户带来注意障碍风险，如图 7-11 所示。

图 7-11　元宇宙的信息多元化

在教育元宇宙中，学习者也会产生注意障碍，分别为注意污染、注意迷失和注意增强类型。

注意污染来源于多元主体发布的不同教育资源。在教育领域，由于市场发展空间较大，经济利益较高，且得到较多学生家长的重视，因此吸引用户注意成了教育元宇宙中相关平台或企业重要的发展任务。为了最大限度地博人眼球，粗浅的、噱头化的刺激性信息混入海量教育资源中。由于学生群体的特殊性，对信息的筛选判断能力不足，导致长时间接触低质量教育资源后，学生无法辨别真伪，对信息的选择能力逐渐丧失，从而掉入资本编织的数字牢笼中。随着深度应用和长久污染，学生的注意被污染，丧失了严肃性和独立思考的能力，从而形成注意污染风险。

教育元宇宙带来的成瘾性导致了注意迷失风险。作为现实世界的延伸，教育元宇宙提供了打破时空界限的方式。其对现实的"补偿效应"具有天然的"成瘾性"。

由于教育元宇宙具有社会性，其面向群体包括不同年龄段。而年龄较低的学生通常难以控制自己。在元宇宙中过度沉迷可能使这类学生的初衷产生偏移。教育元宇宙对用户来说，是作为平台和技术提供方存在的，通过场景的构建和交互环节链条的打通为用户呈现更适宜的学习场景，但过度化地使用和娱乐化的导向带来的沉迷会消解学习中的严肃性，从而影响学习效果，过度占用学生时间。当无目的地进行信息浏览活动时，学生对教育资源的利用程度也越来越低。教育元宇宙让学习变成了一种不断更换、制造刺激点，然后快速抹杀并再制造的循环过程，让学生迷失了学习目的，也使学习失去了其应有的效果。

注意增强也是元宇宙教育发展中需要规避的个人风险之一。不同于注意的分散和质量的下降，注意增强是指学生在元宇宙世界中过分地将注意力集中在某一事物上，其他任何事件都不能转移其注意力。教育元宇宙中，为了满足不同学生的需求，教育资源的学科分布广，内容多元化，而由于部分内容和体验感受的强刺激性，使得用户沉浸于元宇宙的体验中，淡化了传统教育中的学习模式和阅读习惯，形成强烈的排他性，最后对现实中的教育模式和学习方式难以适应，甚至产生厌烦、畏惧等心理。注意增强消解了多元化的学习方式，使学生思考问题片面化。

提供沉浸式学习，训练个人能力

信息碎片化和共享化导致了知识碎片化、时间碎片化、关系碎片化和空间碎片化等。碎片化学习作为一种广义上的学习，在利用时间的同时也带来了个人能力下降的多重风险。在教育元宇宙中，碎片化学习同样存在。

在教育元宇宙构建的知识承载体系中，由不同主体共享的、不同类别的、体验化而非呈现化的教育资源不再是传统纸质文字，或者说长文字的占比降低，学生更有机会接触到呈现出的多类型学习资源。尽管元宇宙教育在一定程度上提高了学生的学习兴趣与体验，但这种呈现方式将信息间的关联性降低，呈现出一个个独立的孤岛状，"关联性"这一大脑最熟悉的知识结构消失，这导致了相关能力的下降。

元宇宙带来的外部拓展性在为教育带来更多可能的同时，使学习者获取的知识处于弱连接或无连接状态，影响学习效果。

思维障碍也是随着元宇宙进程推进而产生的对个人能力降

低的风险之一。教育行业在元宇宙中寻找到了共享性的运行模式，但在泛在学习中，跳跃性思维逐渐替代了连续性思考成了主流的思维模式。在教育资源海量化和教育主体选择性增加的元宇宙中，学生拥有更多的主动权，可选范围也变得更大。场景模拟和真实化的感官体验为学习者提供了开拓想象空间的机会。跳跃性思维逐渐占据主导，这导致了基于连接性的逻辑思维占比下降，演绎推理能力也无法得到锻炼，或将导致逻辑障碍问题。

对元宇宙中的教育资源过于依赖，过度碎片化的分割可能会导致学生的注意力分散。短时间的注意力分散造成的影响是相关章节学习的分散和记忆的缺失，长久的影响是学生注意力难以集中，这对个人的社会化生活是非常不利的。

由于碎片化和浅阅读通常伴随技术的更迭而产生，场景的构建取代了传统教育中对场景的描述，文字在元宇宙中转化为可视化的场景，其魅力在这种重构中消解，学习者的阅读能力也面临着下降的风险。

元宇宙中可能产生的个人风险会直接影响教育效果。在沉浸式、共享性协同的教育元宇宙中，应推进"元宇宙+"课堂，整合多重学习方式的教育体系。其中既包括游戏化的教育方式，也包括对学习者的各个属性延伸的个性化学习。同时，系统化学习也应列入教育系统中。游戏化属性在教育元宇宙中尽管能在一定程度上提高学习者的学习热情，有利于学习者形成自我驱动的学习习惯，但在某种意义上来看，其沉迷性也带来了能力下降风险和注意障碍。因此，在教育元宇宙中应控制游戏化所占比重，明确建设是为了提高教育交互度和体验服务，建设的最终目的是要提高教育的学习效果。

从元宇宙中的教育资源层面来看，应加快资源间关系的建立。可以利用人工智能技术对其中相关关键信息进行抓取，从而进行关联和逻辑的分类。人工智能和算法的运用能够将看似割裂的信息元素凝聚起来，弥补在元宇宙中教育资源单一化的不足。通过将内容进行整合和智能化、个性化推送，人工智能帮助用户实现教育呈现最大化。在有限的时间内能够获取最多的体系化知识内容。体系化的教育内容通常围绕着同一学科或同一主题，其中有助于帮助学习者搭建框架，使同一学科的内容详细深刻，具有多重层次和可拓展性。这有助于满足学习者对于深度和广度的要求，使其能更好地进行学习，还能够帮助学习者搭建逻辑关系，通过对内容关系的加强增强用户的思维能力。

多维协同治理，规避个人隐私风险

在教育元宇宙中，数据是底层逻辑架构的基础。从计算方式到对用户数据的捕捉，教育元宇宙是建立在大量数据之上的。用户的身份属性、生理反应、行为路径、社会关系、人际交互网络、财产资源、所处场景、情感偏好甚至是情绪波动等信息都会随着元宇宙的使用无处遁形。细颗粒度采集和实时同步技术在有利于超越现实空间构建的同时，也会对个体隐私造成泄漏风险。

教育元宇宙的商业属性增加了用户隐私风险。在元宇宙赛道中，企业率先发力，通过对关键技术展开研究和突破率先获得了元宇宙的"入场券"。尽管企业自称作为应用和技术的提供者保持中立，但是个人数据中大量的经济价值仍具有较大吸引力。企业作为应用的提供商，对用户信息收集过程主要有 3 个造成隐私泄露风险的维度，即信息的过度收集、误用和滥用，这些都会引起用户隐私泄露风险。

个人隐私风险的泄漏不仅有企业和第三方机构的可能，个人缺乏隐私观念、在元宇宙中对现实世界的展示都有可能作为个人因素导致信息泄露和隐私泄露。个人隐私泄漏可能影响到个人的情感、身体以及财产等多个方面。个人隐私泄漏风险带来的不仅是个人现实世界中必要信息的威胁，在与现实世界高度绑定和时刻互动的元宇宙领域，还可能造成用户财产的损失，甚至可能对现实中的个体人身安全造成影响。

总之，元宇宙在教育领域的推进，对个人隐私从数据采集、使用到遗忘在各层面上提出了挑战，尤其对于多年龄段的教育元宇宙用户而言，隐私保护的重要性不言而喻。隐私保护相关措施的完善是保证教育元宇宙顺利推进的重要指标之一。

不同于网络教育中，元宇宙教育中的数据使用是建构虚拟世界的前提。便捷性和隐私权的平衡被打破，在享受技术带来的便利的同时，用户必须让渡隐私权，这造成了较多的潜在风险，除了用户的现实资产面临风险，情感偏向和社会关系、地理位置的记录甚至威胁到用户真实世界中的人身安全。不法分子对这些数据的分析和利用对用户利益造成了较高的威胁。

元宇宙时代对于个人隐私泄露风险，要依据法律法规构建、行业规范明确、技术手段支持，和个人意识增强 4 个重点来进行隐私保护。

完善法律法规体系

科技进步的突破给隐私保护带来了新的挑战，作为最基础的应对措施和用户隐私权的最根本保证，法律法规是最有力的隐私保护体系。目前，元宇宙处于初步发展阶段，各行业都在尝试向元宇宙转型。教育行业作为面向用户年龄范围广、最小年龄较低、受教育程度差异较大的产业，在隐私保护上需要特别重视。

目前，元宇宙产业隐私保护的法律法规正在建设中，对元宇宙行业相关标准和构想尚缺少明确的定位，而在教育元宇宙的隐私泄露风险中，完善法律法规体系是重要一环。

在法律法规的构建中，用户的个人权利和隐私边界都需要得到明确的界定，其中要根据元宇宙中相应的特点更新用户的同意机制和授权方式。算法与人工智能虽然具有自动化决策的能力，但其不可预测性降低了用户在其中的参与，也对用户的相关知情权造成损害。应明确规定用户应具有的数字权限，数据采集者和使用者应及时征求用户的意见，加强用户的同意机制建设。要在元宇宙教育的构建中对企业的权责进行界定，保证在对用户个人隐私的处理上，无论直接或间接，都能够尊重用户的个人权利。

在完善法律法规中，也要设置相应的反馈机制，通过倒逼的方式推进行业秩序的建立，对元宇宙中的技术和教育内容提供上予以相应的要求。同时，法律法规还应对不同程度的隐私进行分类，通过分级管理来明确敏感程度，从而对其信息保护进行监管。

促进行业规范，加强协会监管

在法律法规建设之外，行业内部及相关协会的作用也十分明显。作为教育元宇宙的内容提供者和技术供应商，相关企业要在元宇宙实践中发挥引领作用，主动构建用户思维，共同制定行业规范并互相监督。

第三方机构行业协会等也要加快构建速度，强化数据控制者的社会责任，明晰社会义务。教育元宇宙的市场面向范围广，面向人群多样，其中社会角色也十分多样。从老师、学生到家长，教育元宇宙与现实生活的紧密程度更高，行业规范的形成和监管体系的成熟才能推动教育元宇宙产业快速、稳定发展。

重视技术路径

技术作为元宇宙架构支撑的重要部分，从用户信息的采集、运输，到数据分析和算法推荐，对于隐私保护具有较大的操作空间。现有隐私保护技术分为3类：数据扰动技术、数据加密技术和数据匿名化技术。在元宇宙教育中，对个人隐私的防护可以从数据层、应用层、发布层和使用层这3个层面入手。

数据层包括数据的存储和管理的保护，是隐私保护的基础。数据层对隐私的保护体现在保证数据的私密性、保证数据在传输过程和使用过程的完整性和数据在使用过程中不受外界损坏的可用性。

数据加密是目前针对隐私保护常用的手段。其发展历史悠久，在数字化时代更是得到了重视，成为计算机系统对敏感信息的保护方式。数据加密的作用是防止信息在传输或存储过程中受到损害或被篡改，为个人隐私数据的保护提供了可实现路径。数据加密算法根据收发双方使用的密钥方式，可分为"对称加密"与"非对称加密"2种。对称加密算法相对于非对称加密，计算开销较少，加密速度快，是目前在信息保护中的主要加密方式。在数据海量化的元宇宙中，对称加密有利于进行大规模的信息保护。但其安全性却不如非对称加密，由于通信双方密钥相同，难以确保加密的性能。非对称加密中，发送端的加密算法和接收端的解密算法是相对独立的，因此安全系数更高，对信息的保护和加密更加完善，但具有成本较高、加密速度较慢等不足。

因此，在元宇宙中的隐私保护算法应对两种加密方式予以结合，通过对信息的重要程度进行分级，分段化地进行信息的加密，从而在保证信息运算量的同时具有较高的保密程度，减少用户隐私信息泄露风险。

对企业而言，从应用层角度对个人隐私进行保护是更符合实际的做法。区块链技术的发展也为隐私保护提供了工具和可实现契机。区块链技术作为分散节点之间的同步数据维持者和进行交易的重要场所，对相关信息公开是保证交易的前提，但为了保证用户隐私，区块链也必须对一些敏感的用户信息进行跟踪加密。区块链的发展为隐私保护提供了空间，同时也为企业层面提供可实现路径。作为隐私保护中的可使用技术，区块链技术对网络窃听予以拦截，支持匿名交易，其区块链地址由用户自行创建使用，由于不需要第三方的参与，为用户的身份信息和相关交易信息提供了隐私保障。

区块链中还提供了对匿名交易的支持，这为用户提供了隐藏身份信息的支持。用户通过对区块链地址的创建和应用，由于区块链中的地址和真实信息无关，用户可以实现对真实身份信息和相关信息的隐藏。区块链中为地址的选择提供了较大的空间，因此虚拟地址出现相同的概率较低，这为用户提供了多次变换地址的空间，也增强了其匿名性交易，对用户的隐私进行了保障。随着教育行业在元宇宙中的拓展，其课程资源在元宇宙中可以实现交易。作为技术层面对个人身份的保证，元宇宙教育中的交易将更加透明，也进一步推动了教育的合理性。

从数据的发布和使用层面对用户隐私进行保护也是近年来的研究热点。收集数据有利于政府或企业对某项服务或某项未来计划进行评估，从而做出决策以改善相关服务或计划。作为教育行业，元宇宙中的教育机构或相关政府可以利用相关信息对教育质量进行评估，而评估监管机制的建立也需要对用户的信息进行发布和使用。

匿名化发布是指在利用用户信息的过程中，对身份和敏感数据进行隐藏。这既保证了数据的来源准确、数据真实可靠，也能够对用户的现实信息和隐私内容进行保护。匿名化发布不仅是指对用户信息的表面隐藏，还包括对属性链接、记录链接等方式进行推测的匿名化。在教育元宇宙中，用户的匿名化数据体现在非真实信息的构建和非真实形象的构建，还包括了各信息之间关联性的隐藏。在全方位的匿名化发布机制下，既能利用用户数据对相关教育资源学习效果进行评估，也能充分保护用户的隐私不被泄露。在元宇宙中，空间数据、关系数据、个人痕迹数据、时间数据、数据挖掘等都是需要进行隐私保护的部分。

在针对不同类型和隐私程度的个人信息进行采集、使用和分析的过程中，为了平衡个人隐私与信息公开的关系，对用户的隐私数据进行分级是可以参考的解决办法，判定是否为敏感数据成了可参照的划分方式。

不同场景决定了用户的心理状态和自我披露程度。在教育元宇宙的强社交场景下，当周围共同学习的同学是生活中实际的同学，当老师是线下认识的老师，用户在这个场域中的部分自我披露的隐私性要弱于完全陌生场域的隐私性。这为元宇宙中不同场景的隐私等级评定提供了参考。

基于元宇宙场域中使用目的进行划分。从企业层面，对数据的采集和使用目的影响了数据的隐私评级。当使用方式是通过匿名性的用户数据抓取来分析总体倾向或教育总体情况，相应的敏感等级较低。当企业要通过对某一用户的隐私数据进行抓取以计算该用户的消费模式或情感偏向，那相应就涉及侵犯用户的敏感数据。

基于后果下的划分判断，即某些类型的个人数据的公开或滥用会对数据主体产生更严重或长期的后果，尤其是身份盗用、信用受损、经济损失、人身安全、心理受挫等在社会中的不利影响。由于元宇宙和现实世界的强关联性，隐私受到侵害带来的危险程度比网络教育的更高。对敏感信息暴露后果的评估也是判断是否涉及敏感的重要考量。

除了对隐私信息进行隐私性分级，加强用户的自我保护是预防个人隐私泄露风险的内驱化举措。媒介教育是有效的宣传途径，尤其是在元宇宙提供了更加共享的空间以供用户进行自我表露和社交的环境下。

通过对一系列风险进行分析和展望，我们的目的并不是让元宇宙这一概念阻拦我们向更沉浸化体验的脚步，而是我们在转向前需要加强对它的认知。只有清晰地认识到教育元宇宙发展过程中可能出现的各种风险，无论这种风险是源于元宇宙本身还是源于教育向线上进行转型的过程，才能更好地使元宇宙造福于学习者，为教育生态构建提供更稳定的、更沉浸的生态体验。